朝日新聞出版

へんろみち

あめ湯
二十円

DRINK
Coca-Cola
コカコーラ

つげ義春流れ雲旅　目次

下北半島村恋し旅

風立つころには、どこか遠くへ行ってみたくなる。
「下北の雲でも見に行きますか、きっといいですよ」
「そういえば、のんびり雲をみるなんてことはないなあ。
行ってみましょうか」
――そんなふうに話がまとまって
雲流るる本州の北の果てに出かけてみたのである。

恐山

為先祖代々

恐山の宿坊に泊っていたおばあさんと孫娘

猿ヶ森

国勢調査

東通村下田代の子どもたち

牛滝の浜

尻労の海辺

バサマ会館

みかん

脇野沢村の小沢集落のバサマ会館

下北半島の旅の帰りに立ち寄った、宮城・鎌先温泉にて

バサマ会館の悪口エロ話

野辺地《のへじ》から大湊にむかう列車の窓をあけはなしておくと、吹きこんでくる風はすでに寒いのだった。右手になだらかな起伏をみせる下北丘陵、左手に陸奥《むつ》湾というおよそ変化にとぼしくさびしい風景がつきると、終点の大湊である。

下北半島を、左をむいた頭のシルエットにでもたとえれば、喉元からあごへとなでていくと、下唇の下あたりで車が行きどまる。わたしたちはまさにそこで行きどまった。九艘泊《くそうどまり》という小さな集落がそこにあった。

昔、十艘の船がやってきたが、九艘しか入れなかったという小さな入江のふちに家がひっそりと建ちならんでいるだけの集落で、魚のにおいのする海岸に出てみると、女たちがあちこちで車座になって、十五センチ前後のイワシを串にさす仕事をして働いていた。

——あれまあ、色男が三人もきたなあ。

女たちはゲラゲラ笑い、おどけた口をきく中年女は、おどろくべきことに、すさまじい腕力で抱きついてきたのである。

——あたしの彼氏、チュウするべえよお。

男たちは漁に出ているのだろう、集落に男の姿はみえない。女たちは一串に二十匹ぐらいのイワシをさし、それが何十本とできたところで番屋とよぶ小屋に運んでいく。暗い小屋のなかをのぞきこむと、二人の女がなにやらワイセツな歌をうたい、大汗をかきながら炭火で串を焼

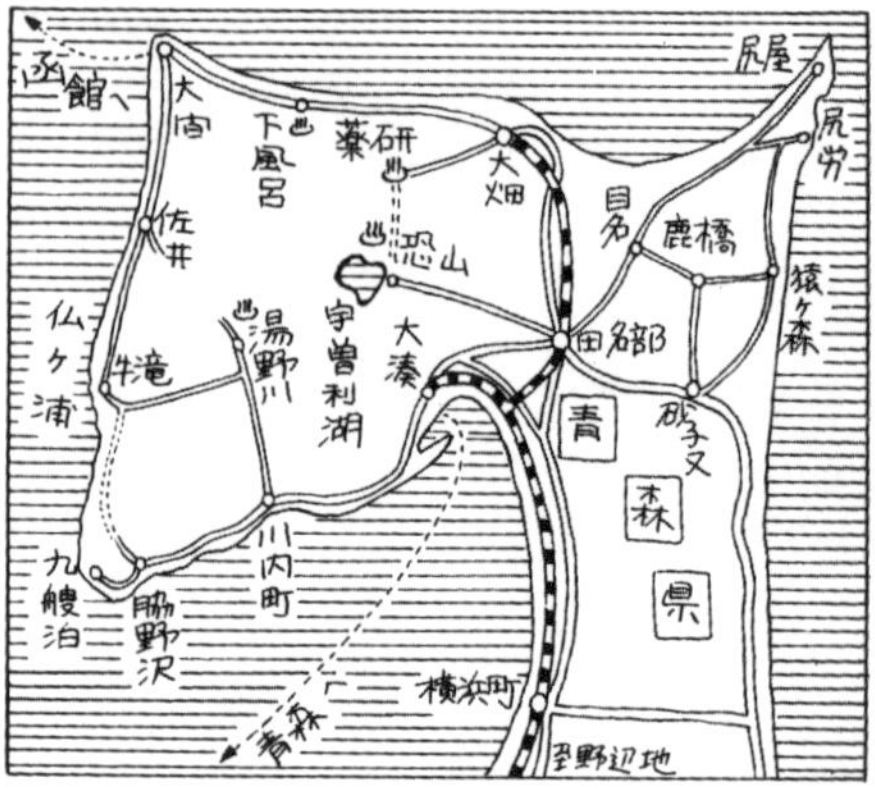

九艘泊の海岸

いていた。イワシの焼きぼし、というそうで、あとで日にほしてから出荷するそうだ。一串もらって食ってみたが、実にうまいものだった。

——サルをみにきたかねえ。

と女たちはいった。あたりには北限のサルが住んでいるというのだ。いいや、ただきてみただけだよ、と答えると、バンパクみたかね、という。いいや、と答えると、こんなとここねえでバンパクで金使った方がよかったべえ、というのである。

〽エンヤラドッコ　エンヤラドッコ——ときて、以下エッチにして素朴な歌詞につづく歌をうたいながら、例の中年女がまたわたしたちの尻を追いかけまわすので、結局、わたしたちは逃げだすことにしたのだった。

九艘泊からのもどり道、小沢という海辺の集落で、バサマ会館というのをみかけた。おばあさんたちの寄合所で、それはお稲荷さんの建物のわきにちょっぴりつぎたしただけの建物で、広さは六畳ほど。のぞきこむと、中央にストーブが置いてあって、そのまわりで三人のおばあさんが、縫いものをしたり、弁当を食ったりしていた。

おばあさんたちはいつもここにきてるのですか、ときくと、ああ、という。

——いつも三人ぐらいですか。

——いま畑が忙しいからなあ。冬になれば十人ぐらいはくるべえよお。

そして、みんなバサマ会館にやってきては、お茶を飲み、駄菓子をかじり、そうしてジイサンや嫁の悪口や、あれこれのグチこぼしや、エロ話などをして一日をすごすのだという。下北にはこうしたおばあさんたちの寄合所がかなりあるらしい。集落によっては、ヨメの小屋というカアチャンたちの小屋もあるそうだ。

万国博の夢をむさぼりくいつつ

バサマ会館は湯野川温泉でもみかけた。湯野川は宿屋がわずか三軒という山のなかのひなびた温泉で、集落の戸数は約三十。バサマ会館は神社のかたわらに建っていて、そこの広さは十畳ほどだった。朝になると、集落のおばあさんが手に手に座布団とか食い物とか食器とかをもってやってくる。宿屋の廊下からそれがみえる。で、出かけてみたのだが、ここではひとりのおばあさんが妙にトゲトゲしく意地悪げで、どうしても中に入れてくれない。あとで宿の人にきくと、ここのバサマ会館は未亡人の寄合所だそうで、未亡人でないと老齢でも行けないのだという。集る日は一日、十日、二十日と月に三回だとか。

九艘泊の浜の番屋にかかっていた魚

イワシを串焼きにする九艘泊の女たち

温泉の湯で洗濯する湯野川集落の女たち

しかし、その翌日もバサマ会館の小屋の煙突からストーブをたく煙が出ていた。ああ、今日は厄日だから、畑休んで集ってるんですよ、と宿の娘が教えてくれた。あとで窓からなかをのぞきこんでみると、ストーブの上にナベが置いてあって、それで煮たトウモロコシをおばあさんたちはムシャムシャやっているのだった。

湯野川温泉には共同浴場がひとつある。夜、暗い電灯の光の底で湯につかっていると、山仕事を終えた男たちが五、六人やってきた。

——そういや、あんたらバンパクみたかね、世間話の途中、ふと男たちのひとりがわたしたちにいった。いいや。

——こんなとこくるより、バンパク行きゃあよかったに。

結局、こうしたセリフをわたしたちは下北で何度かきかされた。これはひとつの発見だった。要するに、体制側による万国博演出によってダマされたという位相からも、反万国博イデ

西通りの佐井村・磯谷の番屋で仕事をするおばあさん

佐井村・磯谷の漁師

オロギーの位相からも大きくずれて、それぞれの固有の夢の次元で万国博をむさぼりくった人間がいっぱいいたのだ、という発見。

夜はかなり寒かった。そして、つげ義春は、風邪で四十度近い熱を出して寝こんでしまったのである。そこで残りの二人は、宿の近くにある泉竜寺湯川庵に行ってみた。テラのバサマとよばれるおばあさんがひとりで庵の番をしているときいたのだ。

気さくなおばあさんだった。あるいは山のなかのひとり暮しで人恋しかったのかもしれないが、わたしたちを座敷に招き入れると、もう菓子やジュースやビールをどしどしふるまってくれるのだった。そして熱心に身の上話をした。ルソン島で主人が戦死し、三人の息子をかかえて苦労したこと。長男が高等二年で役場のお茶くみになって家計を支えたこと。そして今ではみんな成長して、元気に稼いでいること。

——だから、もう気軽ですよね。冬になるとこのあたり雪が深いですから、ここをしめて長男のところに帰るんです。

鴨居に橋本凝胤《ぎょういん》と河口慧海《えかい》の写真がかけてある。二人ともこの近くの山中で修行をしたのだそうだ。仏壇には古くて字もよめないすすけた位牌《いはい》がいくつかあったが、それらは山中で修行中に死んでしまった僧のものだといった。

宿に帰ると、つげ義春が、変てこな夢をみたなあ、という。街を歩いていると突然、サイが現れて、猛烈ないきおいで追いかけてくる。あわてて電信柱によじ登ったが、サイの奴も後からよじ登ってくる。絶体絶命、あわや——というところで目ざめたというのである。

そんなイヨネスコふうの夢をみたせいか、熱はぐんぐんさがって、翌日は下北半島の顔の部分をなでるために出立した。

〈村〉はなつかしく見えるのだが

野平《のだい》というさびしい開拓集落をすぎると、しばらくして海がみえ、小さな集落があった。牛滝《うしたき》というところで、海岸の一隅にテントを

馬車の荷台で遊ぶ東通村の子どもたち

上田代集落の農家の農婦と子ども。畑に出るとき農婦は頭巾をかぶって行く

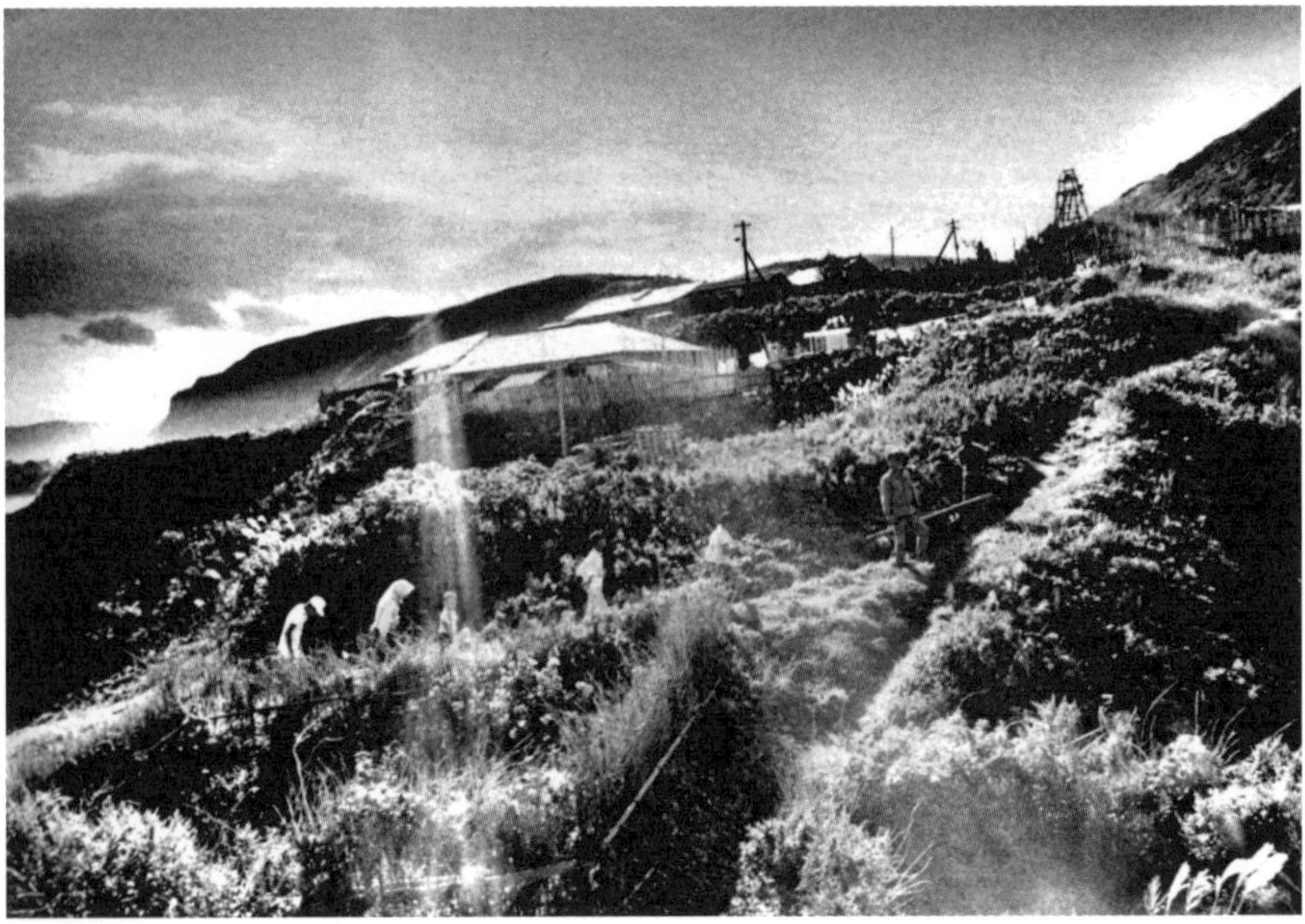

尻労の集落。コンブ採りのある日は右手に見えるヤグラに旗がかかげられる

恐山・宇曽利湖の三途の河原

はって、ひとりのオヤジがウニの身をぬいていた。

――ほお、うまそうですね、というと、

――どうだ、食ってみるか、とおやじは割ったばかりのウニをひとつずつくれた。うまかった。オヤジの話では、そうした生ウニを牛乳ビンに五本とって、千五百円だという。番屋あるいは納屋のなかでも老人や子どもたちがウニの身をぬいていた。

そのあとわたしたちは、観光名所の仏《ほとけ》ヶ浦《うら》をみたあと、福浦、長後《ちょうご》、磯谷《いそや》、矢越《やごし》といった小さな漁港をもった集落をひろっていった。すでにどこでも冬支度をしていた。家々の軒の下に山と積まれたマキ。ある集落の小学校の庭では何人かの人がせっせとマキ割りをしていたが、校庭の三隅はもううずたかいマキの山で埋まっていた。

小さな漁村は、たとえ秋の日ざしがどんなにサンサンと降っていても、なにかひどくわびしいものだ。人影が少ないせいか、色彩がとぼしいせいか。そして、近年、下北の西海岸の漁業はふるわないときいた。

ことし下北で景気いいのは、とタクシーの運転手がいった。大間だけだよ、一本五十万円くらいのマグロがとれたっていうからなあ。

その大間は下北のおでこのあたりにあるのだが、そこを始め頭の部分もさっとひとなでするように通りすごし、田名部《たなぶ》へ出た。そこが恐《おそれ》山《ざん》の入口になっている。だが、まずわたしたちは、下北半島の後頭部のあたり、つまり東通村の、下北丘陵地帯に散らばる集落をみて歩いた。石持、鹿橋《ししばし》、蒲野沢《がまのさわ》、桑原、砂子又、上田代、下田代、猿ヶ森といった集落で、たいていは二十戸から七十戸ぐらいまでの農林業でやっている集落だ。

蒲野沢、桑原、猿ヶ森などはまだバスの通っていないところで、ススキの波うつ丘を越えて行くと、草ぶきの古い農家がかたをよせあうようにかたまって、静かなたたずまいをみせているのだった。実際、どこの集落も、わたしたちが〈村〉というものに対してもつ、あるなつかしさを託してもいいようなところだった。昔のままの姿なのだ。そして、東通村の家はほとんどが古い草ぶき屋根で、大きいものが多い。間口が三十メートル、面積が三百平方メートルぐらいなのもザラであるらしい。

モダンなるものに食いあらされ

猿ヶ森集落では、集落の神社を改築中だった。それで秋祭を一週間のばしたのだ、という。のどかだ――とわたしたちは一瞬思った。あるおじいさんに、出稼ぎは盛んですか、ときくと、

――いやあ、出稼ぎはねえ、という。それでよくよくきくと、すでに出かけて行って稼いでもどってくるという段階はすぎて、若いもんは出て行きっぱなしだよお、というのである。

要するに、少しものどかではないのだ。そして、あるいは草をはやした草ぶきの家の中が、たとえばカラーテレビや各種の家庭電気製品な

恐山の宿坊に泊っていた女の子

どによって結構モダンになっている事態に気がついた。当り前といえば当り前のことなのだが、それをいささか大げさに考えれば、こういうことになるのではないか。つまり、農村の破壊は農村の風景の破壊であるが、それは結局、農村の生活風景の破壊でもあるということ。そして、その破壊者は資本や権力である一方、生活レベルでのものすごいモダニストである農民自身であるということ。万国博をみた者の感激、みなかった者の痛恨にもうかがえるように、日本のいたるところで〈モダンなるもの〉が、それもほとんど無差別にむさぼり食われていて、そして生活風景は変貌しつつあるのである。

こうしてわたしたちはついに内なる〈村〉を見出すことなく、絶望的な根なし草なのだ。おそらくわたしたちの死にざまというものを考えてみると、それは日本近代のなかでの死にざま、つまり〈野たれ死に〉しかないのではないか——そんなことを考えたのだった。

猿ヶ森からは、車がようやく通れる細道をぬけて尻労《しつかり》に出た。太平洋にのぞむ集落で、海辺に出ると、十数キロにおよぶという砂浜が南にのびている。

明るい光。青い海。すみきった風。わたしたちは尻労で、自然の〈まぶしさ〉を満喫した。

砂浜を見下ろす岩の上にわたしたちがいると、下から大きな鉄のナベをかついだ男たちが集落の方へのぼってきた。

――これで昔は海岸でニシンを煮たりしたんだがね、もうニシンもとれないし、もって帰って処分するのだ、という。ニシンは十五年くらい前から幻の魚になってしまった、それで尻労の漁師の多くは北海道へ出稼ぎに出ている、という話だった。

恐山に着いたのは夕方で、宿坊に泊った。月光のきびしい夜で、賽《さい》の河原あたりは荒涼というよりはもっと凄惨な光につつまれていた。この恐山の境内におびただしい死霊がさまよい、あるいはすまっているものならザワザワと群がりよってきてくれないものか、血のしたたるような対話あるいは蒼白な対話をしたいものだ、と思ったものである。

わたしたちが普通、死をこわがるのは、人間死んじまえばおしまいだ、と思うからだ。だから、お化けが死ぬほどこわいというのはまちが

尻労

奥羽本線にて

いだ。死んでお化けにでもなれれば、こんな幸せなことはないし、また死ぬことだってそんなにこわくはなくなるだろう。

夜、窓からさす光がまぶしくて眠れなかった。電柱の電灯だと思っていたのだが、朝になってみると電柱などないのである。相手は月だったのだ。

ところで――

雲のことだが、下北の雲は、津軽半島をはるかにのぞむ西海岸の雲も、下北丘陵の草ぶきの古い農家の上にあった雲も、尻労の砂丘と太平洋の上に流れていた雲も、恐山のすさまじい月の夜の雲も、みんなきれいだった。雲は、海の青、空の青にも染まず漂っていたのである。

東北湯治場旅

湯治場にはおばあさんやおじいさんがいて
ながながと湯につかったり、踊ったりしゃべったりしている。
湯治場にはなにか大衆の強固な根のようなものが
はえひろがっているように思われる。
岩手県の夏油温泉、秋田県の蒸ノ湯、
山形県の瀬見温泉・今神温泉をめぐり歩いてみた。

よーあけ
のこお
ひー
それい

ふーたりでのもおとー
ええい

たばこ

夏油温泉

蒸ノ湯・オンドル小屋

蒸ノ湯に湯治にきていたおばあさん

似て ないわ

ぼくです

念仏を唱えながら一時間も湯につかっている今神温泉の湯治客

今熊三所大権現

六百人の陽気なおばあさん

夏油《げとう》温泉は、これまでの旅行案内書には、北上駅からバスで一時間、さらに徒歩三時間と紹介されているので秘湯めぐくが、現在は、林道を利用して湯治場まで車ではいれる。渓流のいたる所に露天風呂や洞窟風呂があり、宿は百数十年前のままのものが、どうみても山賊集落のようにしか見えないようなたたずまいで、七棟ほど細長いコの字形に並んでいる。

　ここに六百人のおばあさんが泊っていた。おじいさんやその他の客もいないわけではないのだが、その割合は十対一くらいなのでほとんどおばあさん一色という感じだった。これは何か異変が起きたのではないかと思い尋ねてみたが確かな答えはえられなかった。湯治場は老人が多いので、男女の平均寿命の差がこういう割合になって現れているのかと考えてもみたが、それでは差が大き過ぎるので案外偶然の現象だったのかもしれない。

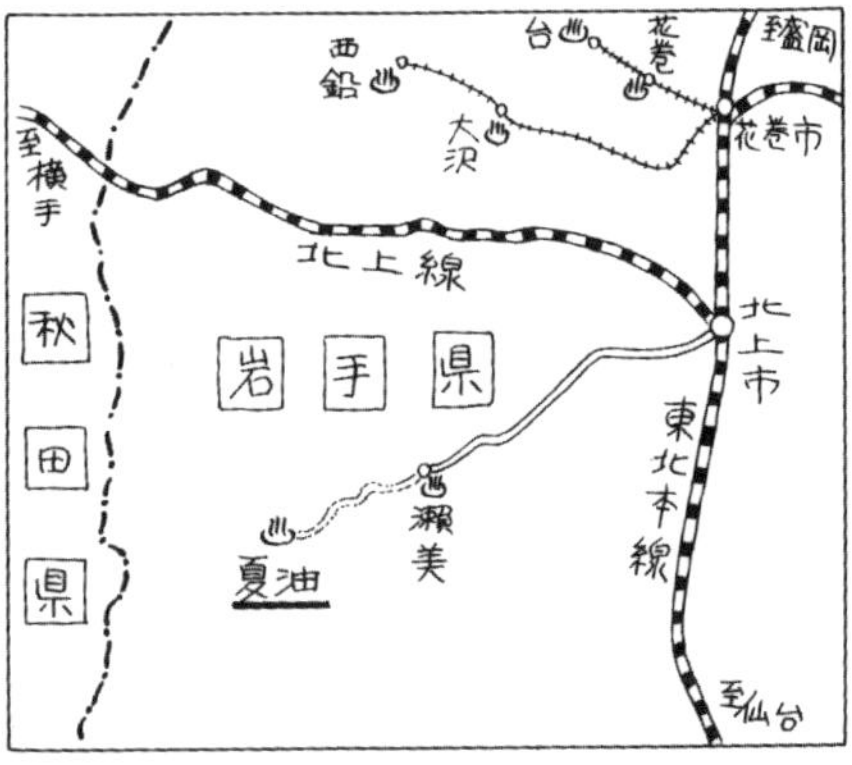

　それにしても六百人という数では夏油温泉は満員だったようで、六畳や八畳の部屋に三、四人から八人くらいまでビッシリとつまっていた。壮観というより尋常の光景ではない。ふと「姥《うば》捨《すて》」を想像してしまったほどだった。

　けれど、おばあさんたちは陽気で、昼間から酒盛りを始め、唄ったり踊ったりするわけだが、民謡や懐しい唄が聞けると思い期待していると、意外にもピンキーの「恋の季節」とか、

温泉に入る岩手県のおばあさんたち（夏油温泉）

渓流のそばの露天風呂につかる湯治客（夏油温泉）

千昌夫の「星影のワルツ」、森進一の「港町ブルース」などの最新のヒット曲が唄われていた。おそらくテレビの影響かもしれないが、どんなモダンな歌でも宴会調に、手拍子に合うようにアレンジしてしまうのだから、聞く者も思わず陽気な気分になってしまう。

おばあさんはおじいさんに比べると愛想もよく活発で、そのうえ好奇心も強いのではないかと思えるほどよく動きまわり、湯治場のいたる所を吟味観察しているようだった。ぼくら（カメラマン氏と記者とぼく）がちょっと話しかけただけで、一日中あとをついてまわるほどだった。湯治は自炊をしながら長逗留をするわけで、退屈をしているのかもしれないが、ぼくらが初めに話を交した八人連れのおばあさんたちも、部屋の前を通ると、昼寝を中断してガバッと跳ね起き、部屋の中へ招き入れ、お茶や山菜料理でもてなしをしてくれた。そして、もし滞在するつもりなら、自分たちが食事の世話をしてあげてもよいといっていた。

そのおばあさんたちの部屋の窓の四隅に、木の枝のようなものが四本突き出ていて、着物を掛けるにしては不自然のように思えるのでたずねてみたら、窓のガラスが破れているから、お膳をバーンと打ちつけたのだという。そのために部屋の中が薄暗くなっているので、お膳とは気がつかなかったのだが、おばあさんというのは案外豪快なところがあるものだなと感心した。

「隠しトリデ」の金勢様

八幡平《はちまんたい》の蒸ノ湯《ふけ》は、ぼくは三年ほど前にも一度来ており、そのときの印象では、付近のやけただれた地肌や泥火山、大噴湯などの火山現象を眺め、荒涼とした地獄の様相を見る思いだった。地の果て、旅路の果てとはこういう所のことをいうのだろうと思った。そういう印象をえたのは、紅葉も散った霜柱の立つ秋の終りだったせいか、ぼくの気分のせいだったのかもしれないが、人によっては印象もまた別のようで、

夏油温泉の自炊場

鼻をつく硫黄のにおい、猛烈な湯気、熱湯の河（玉川温泉）

蒸ノ湯の高見に立った三人連れの若いハイカーは、山窩《さんか》か平家の落人集落のような蒸ノ湯を見おろして、「ジャーン」「隠し砦《とりで》だ！」と叫んでいた。

　蒸ノ湯には、オンドル式という一風変った湯治法があり、粗末な杉皮ぶきの馬小屋のような浴舎が数棟並び、そこで行われている。小屋の中は薄暗く、床も畳もない土間だけで、そこにムシロを敷いて横になると、地面の熱と噴き上がる蒸気に蒸されるという具合である。そこがそのまま宿泊所でもあるわけで、間仕切りがないので互いにすぐ親しくなるそうだ。

　そしてここにはいたる所に週刊誌が散らばっていた。おそらく退屈をまぎらわすためのものと思うが、老人はどんな種類の週刊誌を読むのか見てみると、意外にもマンガが多かった。ぼくはこれまで老人はマンガを読まないものと思いこんでいたので、納得がいかないというより、マンガの読者層の広さに改めて感心してしまった。

　四、五歳の男の子の病気を治しに来ているという若い母親は、偶然、ぼくのマンガを再掲載している週刊誌を開いて、「もっきり屋の少女」を読んでいた。その本にはもう一本「李さん一家」というのも掲載されていて、その二作とも、作中の主人公は作者の分身のようなかたちになっているのだが、なにかのはずみで、ぼくが作者であることが知れると、その母親はマジマジとぼくの顔をみつめて、――マンガの人物

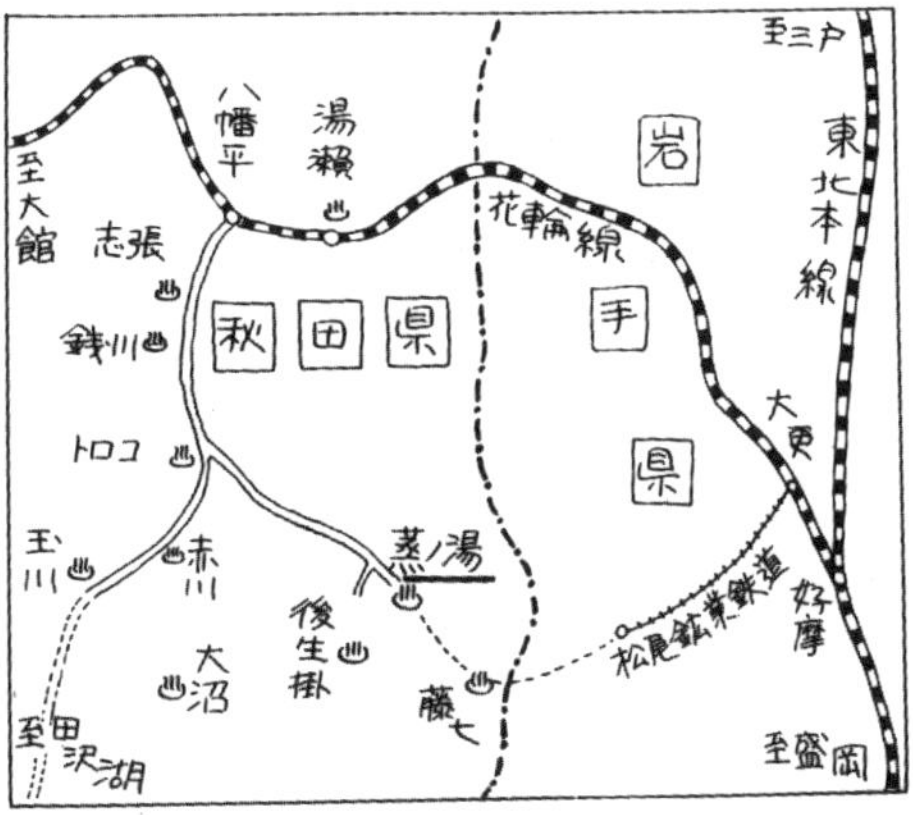

蒸ノ湯のオンドル小屋

と少しも似ていないではないか……あんたは本当にこんなボロ家に住んでいるのか……それにしても、なぜこんな湯治場に来ているのか——というようなことをいって腑に落ちない様子だった。そして、「あんたのマンガはエロッポイね」という感想をいわれた。

その若い母親は、子供の病気を治すために、近くの池からソーセージの餌でイモリを釣ってきて、ビン詰の酢漬をつくっていた。イモリを酢で溶かすと効きめがあるということだが、子供はどんな病気なのか、聞いてはいけないような気がしたので聞かないことにした。

蒸ノ湯にはオンドル式のほかに普通の浴場もあり、「子宝の湯」と呼ばれる浴場には木製の陽物神が湯船に浮いている。これは子授けの神として近くの祠《ほこら》に祀られている金勢大明神のご神体だそうだが、この前訪れたとき、その子宝の湯に七十歳くらいの背の高いおじいさんと、その娘さんである三十歳くらいの女性が一緒に入浴をしていた。

二人を親娘と判定したのは、ちょうどぼくと一緒の小屋に泊っていて、二人の会話から察すると、娘さんは子供ができないらしく、嫁いだ先から実家に帰されたようで、それで父親に連れられて子宝に特効のある子宝の湯で療治しているということらしかったが……。

その娘さんは浴槽のふちにきちんとすわり、おじいさんは桶でお湯をすくい、「ハッペッタン」「ソレペッタン」とかけ声をかけながら娘さんの腰のあたりにお湯を叩きつけていた。そのときは、ぼくはオンドル小屋に一泊しただけで湯あたりをしてしまったので、今回は用心をして、普通の旅館のほうに泊った。

イモリの腹に南無阿弥陀仏

瀬見《せみ》温泉は、主に庄内地方の農民の湯治場といわれているが、旅館も立派で、それらしい雰囲気の少しも感じられない所だった。

ここには、今神《いまがみ》温泉へ登るための時間の調整と休息ということで一泊したわけで、初めから何も期待はしていなかったが、まるで見るべきものの何もない所で、宿の女中さんも、すまなそうな顔をして、「しいてあげれば発電所があります」といっていた。しかし発電所を見てもどうなるものでもない。

わずかに特色らしいものといえば、共同の「ふかし湯」があった。これは「痔風呂」といわれるもので、浴場の中は板張りの床があるだけで浴槽がない。その板張りに十円玉ほどの穴がいくつもあいていて、そこから湯気が噴き出すようになっている。思い思いの恰好で尻を当てるわけだが、現在は使用しているものかどうか、ほこりだらけになっていた。

秘湯という名称は、おそらく今神温泉のような所にふさわしいのではないかと思う。不吉な形でそびえる今熊山麓の原生林の中にあり、組立式の湯小屋が四棟あるだけで、あとは何もない所である。電気もない。営業も六月から九月までで、経営者は山を下るときに小屋を解体し

芝居見物する瀬見温泉の湯治客

今神温泉へ行く郵便配達夫

てしまうというから、今神温泉はコツ然と消えてしまうわけだ。

　これまで今神温泉へ行くには、バスの終点から三時間も山道を歩かなければならなかったが、最近はダム建設のための工事用道路ができ、タクシーを利用すると、徒歩区間は三十分に短縮される。三十分といってもかなりの急坂で、道らしい道もないのでうっかりすると迷う恐れもある。

　大正の初期の今神温泉は、レプラの湯といわれ、専用の浴舎もあったそうで、難治の病は必然と、神様仏様にすがることになる、と解してよいものかどうか、今神の浴場には、神仏混淆《こんこう》の今熊大権現がまつられ、浴場そのものが祠になっていた。

　入浴する者は神の湯を汚さぬ意味もあって腰に白布を巻いてはいり、ロウソクをお湯で濡らしてから灯明をあげるしきたりになっている。そして、

「南無帰命頂礼懺悔慚愧、六根清浄今熊三所大権現霊地礼拝」

「あやにあやに、くすしくとうときいまくまの、かみのみまえをおろがみまつる」

　と壁に書かれてある聖句を七唱する。

　あとはひたすら、「ナムアミダブツ」を唱えるのだが、これを大勢の浴客が灯明だけの薄暗い湯船につかりながら合唱する光景は無気味である。

　この神の湯に四、五日もはいっていると、全

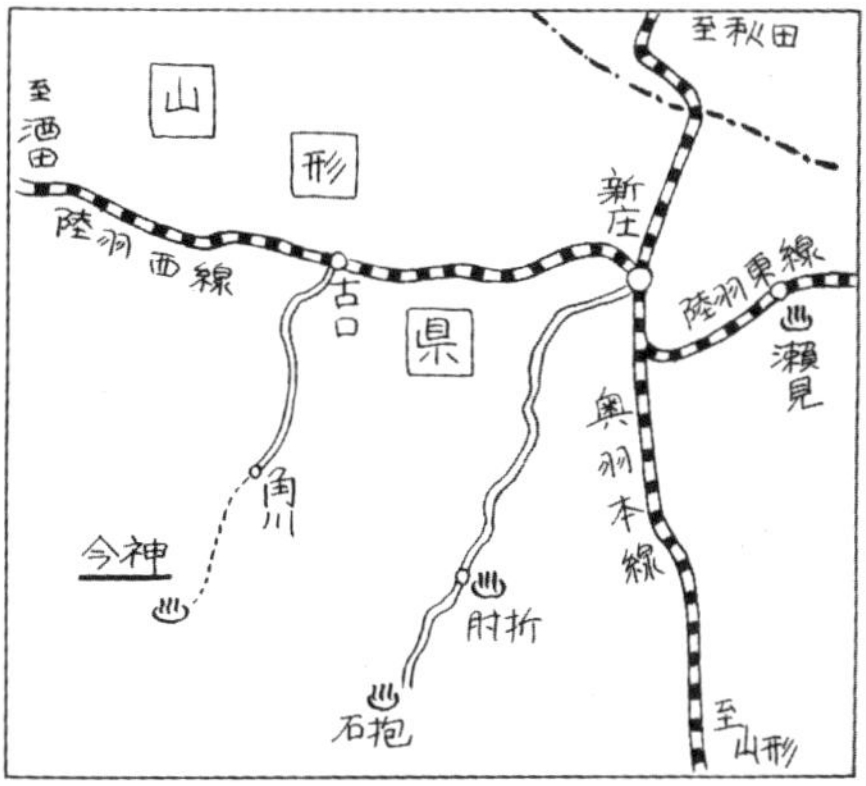

今神温泉の湯治客は腰に白布を巻いて湯に入る

身にアセモのような発疹が現れ、次第に膿をもつようになる。それが破れると「花ざかり」と呼ぶそうだが、全身から毒素をぬいて難病を根治しようという療法は、なるほど効きめがあるように思える。

今神には、神の湯のほかに神の池といわれる「御池」も近くにあって、そこの景色はこの世のものとは思えない。池のへりには数十本の灯明が並び、どんよりとたれこめる霧を透かして見る太陽は、昼の月のように白っぽく輝きがない。そして鬱蒼《うつそう》と繁る草むらには、葉の一枚一枚にビッシリとカエルが張りつき、巨大なトンボ（これはちかく保護指定される）が飛びかう水面には蓮の葉と花が浮び、池の底には真黒な絨毯《じゅうたん》を敷いたように無数のイモリが棲息しているという異様さである。

信心深い老人の話では、そのイモリの腹には〝南無阿弥陀仏〟の文字があり、仏の使いだという。神の池に仏の使いはおかしいが、神仏混淆だから少しもおかしくないといっていた。

今神温泉の御池のほとり。池にはイモリがウヨウヨいる

退屈しのぎに踊りをおどる今神温泉の湯治客

それにしても、イモリの腹に南無阿弥陀仏は信じられないので、御池で一匹捕えてみると、ごく普通のイモリにみられる赤いまだらがあるだけだった。信心深い人にはそのまだらが南無阿弥陀仏に見えるのかもしれない。

いずれにしても、御池に灯明をあげ礼拝をする人をみると、少し大袈裟に思えなくもないが、原初の信仰が自然への畏敬から発生したものとするならば、こういう異様な景色のまえでは、敬虔《けいけん》な気持になるのもうなずけなくもない。

今神温泉は信仰と一体になっているので、夏油温泉のような陽気なムードはないが、それでも朝早くから渓流のそばでは数人のおばあさんが踊っていた。

北陸雪中旅

滋賀県の山のなかに木地屋のふるさとがあるという。
轆轤をまわしながら雪深い山中でひっそりと暮している
木地屋の姿をわたしたちは想像した。
そこを訪ねたあと北陸の雪景色をみようというのである。
そうしてわたしたちは滋賀、福井、石川、富山の四県を
ぶらりぶらり旅してきたのだ。

むかし
力持ちが
おっての……
みんなに
毒殺されたん
じゃ

ふーん

北鉄
こはた
おくりものに

北陸鉄道の終点・白山下駅。ここから手取峡谷をたどっていくと白峰村がある

おしりがくすぐったいや
ハ
ッ

ホッ

車窓から見た九頭竜川ぞいの集落の家々

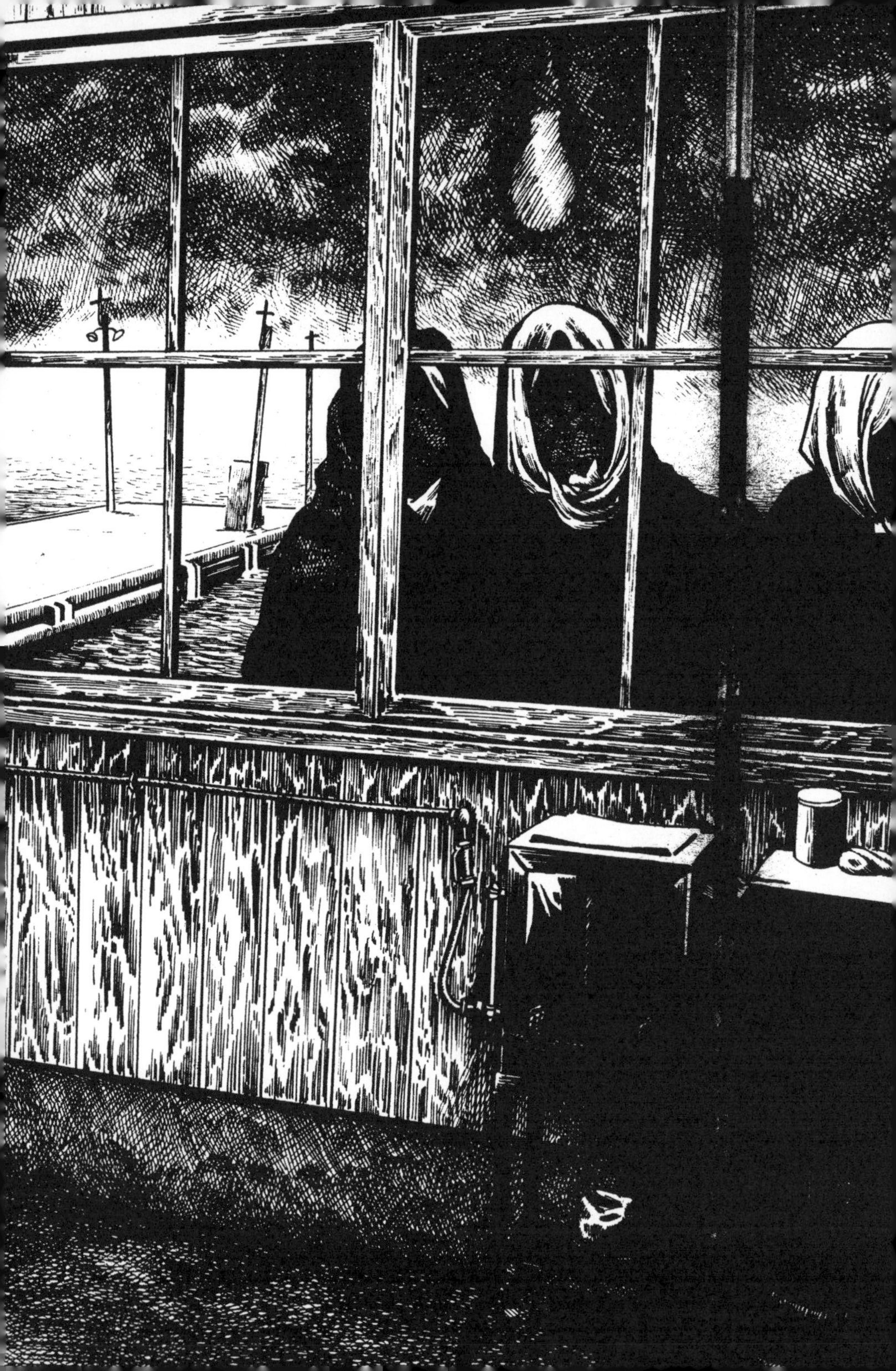

28

早朝の氷見漁港。漁船が漁からもどってくる前、重く暗い空の下で港は静まりかえっていた

こういう所で暮してみたいなァ

一力

祭りの日の勝山市の通りに飾られた押絵。一力茶屋の場を描いたものである

ひっそりと木地屋の祈年祭

琵琶湖の東側、鈴鹿山脈のふもとにある滋賀県永源寺町は、木地屋《きじや》のふるさとである。

氷雨の降る日、わたしたちは愛知《えち》川にそって山深い木地屋のふるさとに入っていった。永源寺町の中心部を過ぎると、道はすでに山道だった。ダム工事のために水没することになっている廃虚のような集落を谷底に見おろしたあと、わたしたちは政所《まんどころ》という集落についた。

バスはここまでしかきていない。その先は普通車がようやく通れるほどの崖ぞいの道で、木地屋のふるさとといわれる蛭谷《ひるたに》、君ヶ畑の集落はさらにその向うにあるのである。雪のまだらに消え残ったその道をタクシーはのろのろ進んでいった。そして、ようやく蛭谷につく直前、集落の入口のところが崖崩れを起していて、タクシーはそこでストップしてしまった。

「もう行けませんよ」という運転手にわたしたちは腹を立て、こんなところで降ろされてたまるか、とやりあっていると、後からバイクに乗った郵便配達夫がやってきた。郵便配達夫はバイクを降りると崖崩れの様子をみに行ったが、たちまち「アッ」と声をあげた。そして彼はすぐ手を鼻の下にもっていったが、すでに血がじくじく出ているのだった。崖の上の方でパラパラという音がし、それから空中をすさまじい勢いで飛んだ小石が音もなく彼を襲ったのだ。タクシーの運転手は、それをみるとすっか

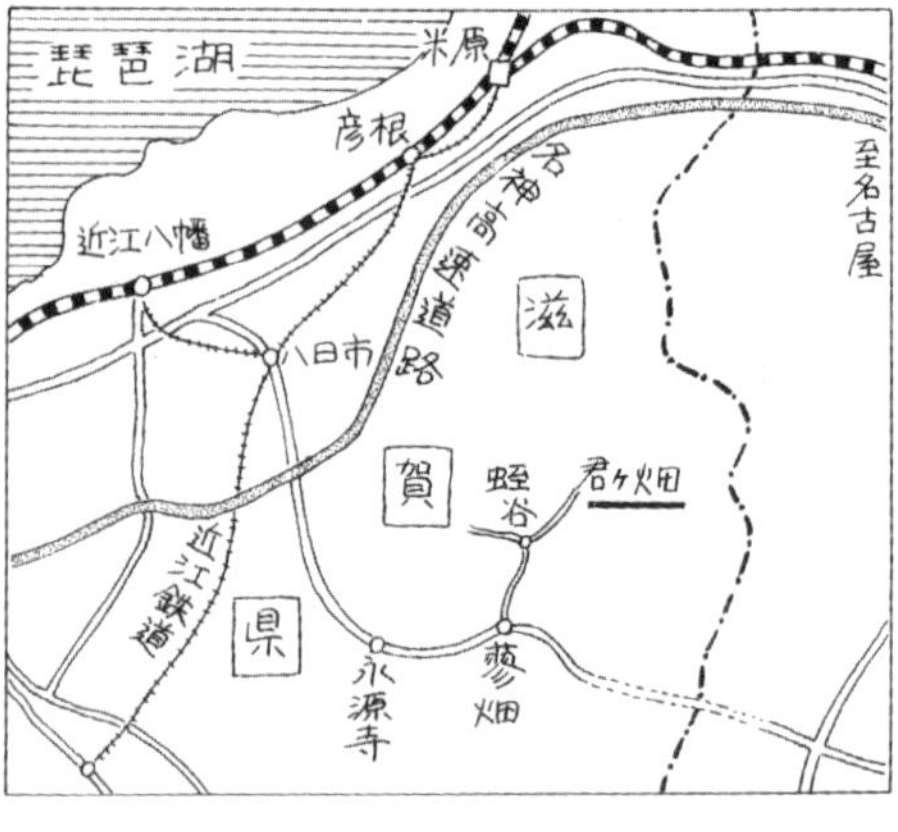

蛭谷集落の小椋宅では石臼をまわして菱餅用の粉をひいていた

りブルってしまい、ハンドルから手を離してしまったのである。

タクシーを捨てたわたしたちは蛭谷に入り、通りのわきに立っているお知らせ板の小さなひさしの下で雨宿りをしていた。

蛭谷は小さな集落だった。家は十軒くらいだったろうか。昔はその名の通り蛭の多い谷だったにちがいない。集落の上の方に石垣の家があって、その石垣の下の雪に埋もれた平地（おそらく小さな畑だった）に人形をくくりつけた枯木が立っていた。なにかのおまじないなのだろうか。近寄ってみると、人形は合成樹脂製のごく当り前のオモチャだったが、雪景色のなかでそれは妖しく鮮烈な色をしており、夢幻的な想いをそそったのだった。そのとき、石垣の家の玄関の暗闇のなかから、雨宿りして行きませんか、という声がした。

玄関に入ると、四十前後の男と七十過ぎと思われる老人が出てきた。この辺にはまだ木地屋がいるのですか、とたずねると、老人は「もうひとりもいませんね」と答えた。

老人の名は小椋《おぐら》金右衛門といい、木地屋の子孫なのだといった。

「木地屋の苗字は小椋か大倉かどっちかだ」と老人はいうのである。

木地屋というのは、轆轤《ろくろ》とよぶ工具を使って椀や盆など円形のくりもの木地を作る工人のことで、八百年ほど前、小野宮惟喬《これたか》親王がこの地に隠れ住んで轆轤の技術を小椋庄（永源寺町はかつて東小椋村といった）の住民に教えたという話が伝わっている。木地屋はいわば自由の民として大名領国を越えて山間を転住して歩き、深山の良木を切り、くりもの木地を作って暮していたとか。それが明治時代に入って山林所有権が確定し、地元村民の圧力も強まって、木地屋の山渡りは終った。以後、木地屋は最後の場所に定住して、農家に転業したり、都市に出て工人になったりして、その姿を次第に消していったという話である。

――隣の部屋でゴロゴロゴロゴロゴロという音がするのでのぞいてみると、おばあさんと五、六歳の女の子が石ウスで米の粉をひいていた。

「ああ、この子のひし餅をつくるのよ」とおばあさんはいった。

ふすまをあけ放した一方の奥座敷には大きな仏壇と神棚が飾ってあった。神棚の前には水桶があった。桶の真中には柱が立っている。老人は毎朝、目覚めるとその柱の頭から水をそそぐのだという。おそらく、老人は大往生するだろう。小椋宅を出たわたしたちは、そんな話をしながら、また集落の通りに出たのだった。

そこへ運よく小型車が道をのぼってきた。仕出し屋の車で、崖崩れの場所を大胆にも通りぬけてきたらしい。その車を止め、わたしたちはさらに山奥にある君ヶ畑集落まで乗せてもらった。

君ヶ畑集落は谷間でひっそりとしていた。家々のわらぶき屋根の線がすがすがしいやさしさをもっていた。

人影がなかった。宿屋をさがしがてら集落の

雪に埋もれた木地屋のふるさと君ヶ畑集落

なかを彷徨《ほうこう》していると、和服を着こみ腕組みをして、足袋、下駄ばきで雪道をやってくる青年に出会った。

「今日は祈年祭でして――」

そういって、いっぱい飲んだらしく赤い顔をした青年は、集落を見おろす山の中腹にある神社の石段をのぼっていった。

わたしたちが捜しあてた元宿屋のかみさんは風邪で寝こんでいた。結局、わたしたちは宿をみつけられず、神社に祈年祭をみにいった。長い石段をのぼりきったところで、わたしたちはその神社の名が大皇《おおきみ》器地祖神社であるということを知った。そしておそらく樹齢数百年という大きな杉の木のそばに「日本國中木地屋之御氏神」という石碑が建っていた。かつて、年に一度の木地屋の祭があるたびに、全国の木地屋がこの集落に集り、盛大な祭の夜をすごしたとか。東北地方にいる木地屋でも彼らしか知らぬ山道をたどり、わずか二日でやってきたともいう。

君ヶ畑集落の神社ではひっそりと祈年祭が行われていた

境内はしんとしていた。そして社殿ではいましも神主がのりとをあげているところだった。社殿の前には舞台があり、その四囲に和服姿の集落の男たちが腕組みをして黙って立っている。

それが祈年祭だった。

ときどき杉の枝から雪がバサッと落ちた。

木地屋の子孫たちはそうして祈年祭の日の午後を御神酒を飲んですごすのだという話だった。そのあと、わたしたちは仕出し屋を捜しまわった。彼の車がなければ、歩いて旅館のある集落まで帰らなければならないのだ。

仕出し屋は大きな湯釜のある家で番茶を飲んでいた。わたしたちも番茶のごちそうになった。

真赤な長襦袢でドンドコばやし

福井駅でわたしたちは二両連結の小さな電車に乗りかえ、九頭竜《くずりゅう》川にそって山の方に向った。窓外は雪煙が舞い、水墨画のような風景が

勝山市の通りにならんだ祭の日の出店。祭が終れば山のなかの町にも春がやってくるのだ

みえる幻想的な日だった。着く駅、着く駅がほとんど無人駅で、小さなプラットホームには粗末な待合室が寒風吹きすさぶなかにポツンとたっている。電車が着くと、暗い待合室から人影が現れ、自分でドアを開けて乗りこんでくる。ある駅で老婆と幼児が手をつないで乗りこんできた。よそいきのなりをしている。次の駅でもよそいきのなりをした老婆が杖をついて乗りこんできた。そして、わたしたちは、勝山市で祭があるのを知った。三百年の歴史をもち、北陸の奇祭として知られる勝山の左義長である。

——老婆と女の子が風に吹かれながら九頭竜川にかかる長い勝山橋を渡っていく。その後をついて行きながら、わたしたちも勝山市内に入った。

ドコドコドコドコドコドコ
ドンドコドンドコ
ドコドコドコドコドコドコ

わたしたちは、出店がならび、頭上には細縄から三色の短冊がたれさがった色にぎやかな通りに入った。辻々には豪華な太鼓櫓がたち、三味線、鉦《かね》、笛をまじえて、なんともにぎやかな左義長ばやしをやっているのである。真赤な長襦袢《じゅばん》かなにかを着て女装した浮男《うきおとこ》と呼ばれる男がたたく景気のいいドンドコドンドコのはやしにのって、

〽蝶よ花よ　花よのねんね
　まだ乳のむか　乳首はなせ
乳首　乳首　乳首はなせ

といったはやし唄がくり返しうたわれるのだ。ときに、

〽ええじゃないか　ええじゃないか

という合の手が入るのは、古い祭だけにおかげ参りのおもかげでも残しているのだろうか。ドコドコドコドコとテンポの速い、にぶく響くタイコの音は、長くきいているとすごくひとを興奮させるものだ。

「ウズウズしてきますよね」

ぼけっとした表情で、つげ義春がいった。

わたしたちは三十円のお好み焼を食いながら、通りをひやかして歩いた。ほとんどの電柱には絵入りあんどんが目の高さの位置にかかげられ、それをみるのがまた楽しいのだ。何でも江戸時代の藩主小笠原侯入封以来この日だけは無礼講なのだそうで、絵入りあんどんには川柳や狂歌のかたちで〈庶民〉のいいたいほうだいが書かれているのである。

もうひとつのみものは〈作り物〉とよばれるものだった。各町内の年番《ねんばん》（その年の年中行事を担当する者で、ひとつの町内で約五人が毎年選ばれてなる）らが頭をしぼって、日常用品を素材にして作ったもので、ことしはヨロイ、ツルカメ、夫婦岩の三作品が出品され、通りに面した家に飾られていた。市長賞をとったのは食器類で作ったヨロイで、そこにはこんな歌がそえられていた。

御藩主《（御椀朱）》の長柄をひっ《（おひっ）》さげその誉れ　全国《（饍穀）》に

　放送ふるさとの歌まつり

隅々《（はしはし）》と四方路《（しやもじ）》に発展する勝山を成器《（器）》の

豪華な太鼓櫓の上で左義長ばやしをやる人たち

藩主《(飯朱=朱の飯の器)》よよく御覧《(御椀)》あれ

勝山左義長がＮＨＫの「ふるさとの歌まつり」で紹介されたのが市民の自慢のタネらしいのだ。夕方近くなると近郊の人びとが、ぞくぞく祭見物にやってきた。夜になると、雪一色の九頭竜川原でドンド焼があるはずだったが、わたしたちは町を出ることにした。祭が夜へむかって盛りあがっていく、その予感のなかにある高揚感をひとつのぬくもりとして抱いて去ることに、旅の情念があるのだ、とわたしたちはほとんど気まぐれに思ったのだ。わたしたちが勝山駅に向ったとき、まだらに雪の消え残った路地から目のつりあがった老婆が出てきて、わたしたちに向ってニッと笑った。電車のなかでみた、杖をついた老婆だった。

シシとカモとコトリがあります

冬の日本海は暗い。それはどんよりした空の下でいよいよ暗いものに思われた。海岸線を走りながら、タクシーの運転手はおしゃべりしつづけたものだ。

「片山津はどお？　熱海みたいでイヤだあ？　じゃ、粟津温泉にしなよ。いい宿屋を世話するよ。シシ、カモ、コトリ、何でもOKだよ。よく相談してよな」

　朝帰りの芸者が顔をひとにみられるのをきらって着物をかぶっていく、その姿が獅子舞に似ているから、シシというのだそうだ。カモ、コトリというのもヤサシイ女のことである。

　運転手はわたしたちを勝手に〈好きな客〉だと思い決めて、片山津から粟津へと勝手知ったる旅館に連れて行ったが、どこも団体客が入っていた。

「これじゃダメだな。売切れだよ。じゃ山代温泉へ――」

　結局、わたしたちは山代温泉の紅殻《べにがら》格子のある古風なつくりの旅館に宿をとった。メーター代をあげたタクシー運転手は、ほくほくしながら帰っていった。そして夕食が終るなり、四十近い小太りの女中がにこやかに切りだしたのだ。

「芸者さんをよびますか。どうせもう飲まないんでしょ？　よぶんでしたら別の部屋を用意しますよ。ただし、もう夜遅いですから（十一時ごろだった）三十以上になりますよ。若いコは無理ですよ。よく相談してくれれば、電話できいてみますよ」

「芸者さんがきたら、どいふうにあいさつすればいいのかなあ」

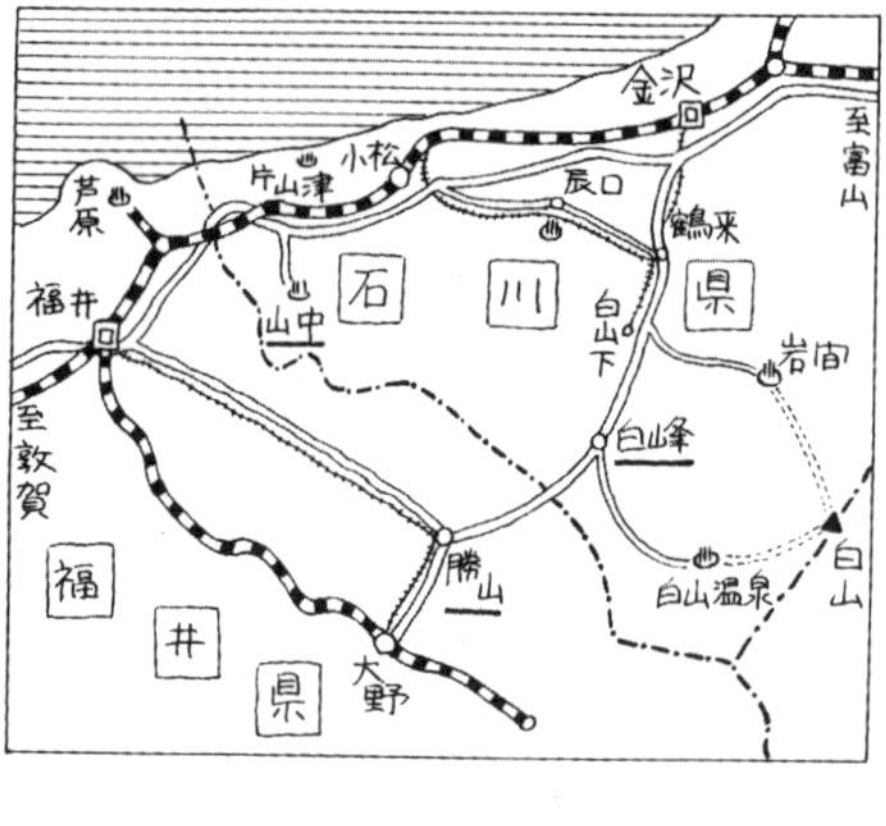

白峰村・堂ノ森の出作り小屋式の民家

つげ義春が頼りなげに、ひやかし半分にいうと、女中はニヤッと笑った。

「よろしくお願いします、っていえばいいんですよ」

「よろしくお願いします、こうですか」

「そうです」

わたしたちはすっかりうれしくなって大笑いした。女中はふたたび「よく相談して下さいよ」といって出ていった。相談ばかりさせられる奇妙な日だった。

サヘイさんのウインチェスター

白山のふもとの白峰村は石川県下でも有数の豪雪地帯だときいた。手取峡谷をさかのぼってその村に着いたとき、わたしたちはいかにも〈村〉についたという気がした。村の女たちは亀の甲羅のような綿入れを背中にかついでおり、さらにその上に買物かごを背おって雪道を歩いているのである。そして、茶色の荒壁をむきだしにした民家。土蔵造りというのだそうで、屋根は、ちょうどカワラをふくように栗の木の板でふいてある。一枚の栗板は厚さ二〜三センチ、幅十五センチ、長さ四十五センチほどだそうで、かくれている部分を翌年は雨ざらしにするように毎年ふきかえていくと、二十年以上はもつそうである。

村に着いた日、わたしたちは風嵐という上流の集落に行ってみた。そこには茅ぶき、荒壁の民家が肩をよせあうようにひっそりと雪にうずもれて建っていた。それらの民家は出作り小屋とよばれるものと同じつくりだ。

白峰村では十五年ほど前まで出作り農業が盛んだったという。山の上の方の雑木林を畑にしてヒエ、アワ、アズキなどを作っていたわけだ

白峰村の土蔵造りの民家。二階と屋根裏は物置になっている。家のなかは昼でも暗い

マタギの左屏さん一家（白峰村）

が、村から畑までは遠すぎるという理由で、畑のそばにも家を建てた。それが出作り小屋である。出作り農業の崩壊のあと、最近では林業も不振気味で、男たちは土木工事の職人として働き、女たちは毛糸あみの内職で暮しているという話である。

村には猟師が三十〜四十人いるということだ。どうも熊狩りの盛んな村らしく、村全体で年に四十頭くらいの熊をとるという話なので、だれか腕のいい猟師を紹介してほしいと役場で頼むと、職員が何人かで相談したあげく、「サヘイさんがいいです」ということになった。サヘイさんとは左兵衛さんのことかと思ったら、それがれっきとした苗字で、左屏公一という三十八歳の郵便配達夫だった。

雪焼けで顔は真黒、精悍《せいかん》な体つきをした男で、家をたずねると、ウインチェスター銃を持出してきて胸を張ってみせた。それから娘さんの赤いセーターを着込み、ガンベルトをしめ、ねじりはちまきをし——と、部屋のなかで猟に出かけるときのスタイルをしてみせてくれた。

左屏さんの狩猟歴は十八年、こわいこともあったでしょうときくと、

「熊に追われても熊と格闘しても、こわい人おらんに。ほかの奴も、もっとやっとれなどと笑うてみとる連中ばかりなんだ。人間がよつんばいでやっともぐれる穴に懐中電灯もって入って行って、熊がいるかどうかみてきたり、場合によっちゃ、苦労して熊の向う側にまわりこんで、ケツで熊をヨイショヨイショと穴の外に押出したりするんだ。そんなときは外の奴に向って穴ん中から、オーイ先に出るのは熊だぞお、なんてどなってやるのよ。ともかく、一人で熊とりできんうちは一人前じゃなけんに」

そしてコタツの上に地図をひろげ、いろいろ説明してくれた。その地図にはクラといって熊のかくれている山の急斜面や、ナバタといって熊がエサをあさりにくる場所が、赤と黒のマジックインキで数十もかきこまれていた。猟の解禁は三月上旬から五月末日までだそうで、その間、左屏さんは年次有給休暇、週休、祝日など計約四十日を使って猟に出かけるのだといった。

白峰村のつげ義春

〈旅人〉にとっての珍味ヒエめし

わたしたちの宿は村長が経営する旅館だときいたが、さて夕食にはわがままをいってヒエめしと熊肉（ただしカン詰。とれた熊を地元の農協でカン詰にしているのである）を食わしてもらった「ヒエめしを食いたいなあ」と、つげ

義春がいうと、宿のおかみさんは「それじゃ全部食べてな」と大きなおはちを持ってやってきた。ヒエ二合、米八合で一升もたいてきたというのである。

——昔、白峰乞食というものがいたそうだ。貧しい時代、村人はおそらく金沢や福井の方に乞食をしに出かけたのだ。そのとき彼らが食ったものはヒエであったかもしれない。ヒエを食うとは貧困の代名詞のようなものだったのだから。だが、わたしたちが食ったのはあくまで珍味としてのヒエめしだった。わたしたちはそれぞれ貧困の体験をもっている。つげ義春は、貧乏な青春時代、にがい麦茶をかじって食事のたしにしていたこともある。だが結局、わたしたちはかつてヒエを食った人間の〈こころ〉など食えはしないのだ。

わたしたちが〈旅人〉であるとき、わたしたちは〈風景〉に向って歩き、〈風景〉とふれあい、そして〈風景〉を通りすぎていく者だ。風景あるいは土着の生活に対してわたしたちはわたしたち〈旅人〉のもつまなざしにひとつの決意をこめざるを得ないのだ。わたしたちが風景＝生活者のまなざしを内部に持ち得るなどと考えるのは、おそらく愚かしい空想だ。

この村にはカンコ踊りという有名な踊りがある。踊りの歌は幾十とあるそうだが、わたしたちは次のようなのが気に入った。

「お十九をしょじゃこ（欲しいか）二十歳《はたち》をしょじゃこ　盆かたびらの袖しょじゃこ　アお十九もよいし二十歳もよいし　盆かたびらの袖もよい」

「かんこ（蚊遣火）を腰に粟の草とれば　心はしん気　盆恋し」

「踊れや踊れ皆出て踊れ　踊らにゃ明日は悔しかろ　ア　踊らでも明日は　悔しいことはないわいの　明日から山の草とりじゃ」

「お十七八の乳なら握りたや　まんまるこて軟《や》こて　握りよてかとて　さと餅《もち》まんじ（饅頭）握るよな」

それにこんなのもすこぶるわたしたちの気に

白峰村の民家。冬越しのマキがびっしりつまれている

入った。

「お十七八をやぐらに載せて　下からみれば八重桜」

翌日、わたしたちは上流の集落・堂ノ森に行ってみた。小さな吊り橋があり、それを渡って雪の急斜面をのぼると、一軒のほとんど典型的な出作り小屋スタイルの家があった。

暗い部屋には金網で囲まれたストーブがあり、八十三歳のおばあさんと孫の二人が遊んでいた。子どもが落ちると危ないからイロリをストーブにしたのだそうで、おつぎばあさんは金網に片手でつかまってじっとすわっていた。おつぎばあさんがこの家に嫁にきたのは二十歳のときだそうで、六十年も家の下の川の流れをみてきたのだといった。


ホンジャーホンジャー三百円！

能登半島の根もとのあたりに氷見市がある。ここには商人宿が、百軒もあるという話だった。駅できくと商人宿は数軒しかないし、別に

夜が明け、小さな漁船が冬の海からもどってくる（氷見漁港）

変ったところもないただの宿だという。何軒か見歩いてみても、たしかにその通りなので、わたしたちはそれでは――と、うまい魚を食わすという海岸の旅館に泊ることにした。

そして翌朝、早く起きだして、氷見漁港の魚市をみに出かけた。六時半に港につくと、市はまだ始っておらず、人影もほとんどないのだった。ただ、桟橋の上の電柱など、あちこちにやたらとカラスの姿が目につき、どんより曇った空の下でその風景は異様に無気味に思われた。

仲買人の集る建物をのぞくと、ストーブが赤あかと燃えている。わたしたちがそこにとび込むと、暗がりから手ぬぐいかぶりをした色黒のおばさんがのそっと出てきて「どっから来たんじゃね」という。東京からですよ、と答えると「東京からくるなんてエライもんじゃね。お金使って」といい、また暗がりのなかに消えてしまった。

しばらくすると、おじさんやおばさんが何十人と集ってきて、市の開始を待ちながらストー

氷見漁港でのセリ市

ブを囲んで世間話を始めた。きいていると、三里塚空港反対同盟の副委員長だというオヤジが空港予定地内に自宅を新築したそうだが、えらい奴じゃとか、高倉健の映画がやってくるが、入場料が五百円するそうじゃ、高いなあ、とか、そんな話を大声でしているのである。

やがて、漁船がぼつぼつ港に入ってくる時刻（七時半ころ）になると、ようやく市が始った。十トン前後の漁船がつぎつぎと入ってきて荷揚げするのを、つぎつぎとせっていくのだ。

「ホンジャーホンジャーホンジャー　ホンジャーホンジャー」

と売人が景気のいい声をあげ、ころあいをみて「三百円」とかどなる。それを「四百円！」「四百五十円！」とかせっていくのだ。いまがイカとイワシの最盛期だということだったが、船も小さいし、港も小さい。だから市も小さい。一ぴきのタコを囲んで「ホンジャーホンジャー」とやったりしているのである。

四国おへんろ乱れ打ち

春らんまん。
四国路にはまぶしい光がみちあふれ
八十八カ所巡りのお遍路の白衣が目立つ季節。
そこで悪業深きわたしたちも一笠一杖の浮雲に身をまかせ
遍路の旅に出立した。
いろはにほへとちりぬるを　わかよたれそつねならむ
凡夫何ぞ心滅を遁れん。
南無大師遍照金剛　南無大師遍照金剛——

へんろみち

五番・地蔵寺への道

へんろ宿

葬式の仕度をする祖谷渓の農婦たち

め
めめめめめ
めめめめめ
めめめめめ
めめめめめ
めめめめめ
めめめめめ
足足
足足
足足
足足

へんろの道すがらみたお稲荷さん

石垣で有名な集落・外泊

祖谷渓の民家と老夫婦

迷うが故に三界は城なり

羯諦《ぎやてい》羯諦《ぎやてい》　波羅《はら》羯諦《ぎやてい》——
行ける者よ　行ける者よ
彼岸に行ける者よ

わたしたちは花ふぶきのなかを通っていった。

淡紅色の花びらの流れの向うにみえるものは、新緑に染まりだした麦畑とか崩れかけた土塀とか路傍の石仏とかお地蔵さんとかいったものである。——春は花、花の四国はお遍路旅、というわけで、わたしたちは車でお遍路旅に出立したのだが、瀬戸の海を越え、一番寺である徳島の霊山寺《りようぜんじ》へのひなびた街道に入ったときの風景は、そんなものだった。

春雨のなかを霊山寺についたときは、すでに夕方だった。門前には何軒かのお遍路宿が並び、ある宿の軒下では老婆が道行くお遍路に声をかけて客引きしていたが、わたしたちは寺の

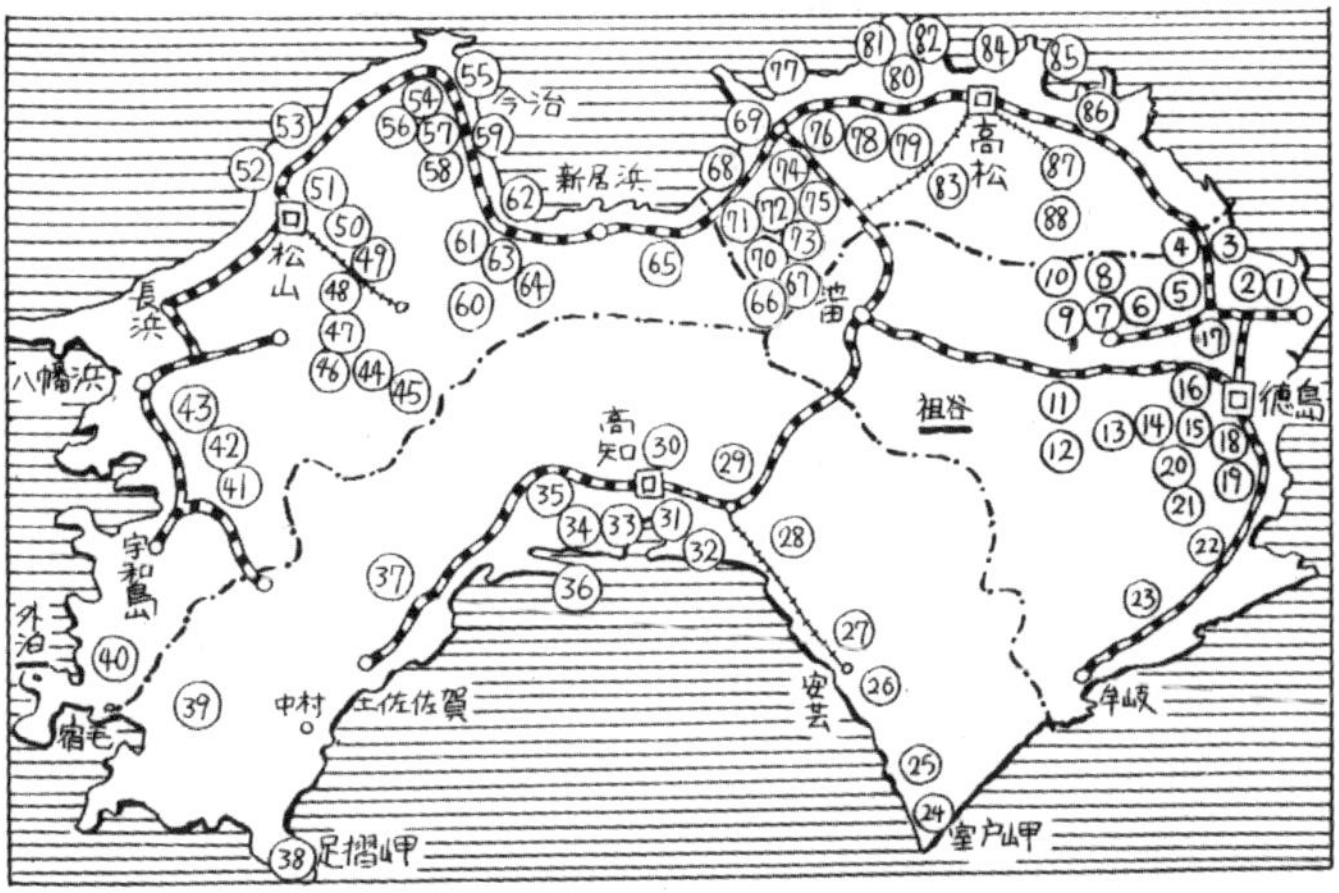

（注）地図中の番号は各札所の番号

一番・霊山寺への入口

宿坊に泊ることにした。

　まずわたしたちは、鴨居の棚に分厚い仏教の本がほこりにまみれて積みあげられてある部屋に通されたが、寝たのは二十畳ほどの、冷えびえした大きな部屋だった。寝具は、薄い敷布団一枚に薄い掛布団一枚きりである。

　朝はまだ暗いうちから起きた。というのは六時から勤行があるというのである。それを見学し、そのあと坊さんから戒を受けようと思ったのだが、ねぼけまなこのわたしたちは、本堂に行くべきところをうっかりして大師堂の方に行ってしまい、そこでうろうろしている間に、とうとう両方のがしてしまった。

　お遍路旅に出立する者はこの寺でまず戒律を受けるのだが、戒律を受けるとは、不殺生、不偸盗《ちゅうとう》、不邪婬《じゃいん》、不妄語、不綺語《きご》、不悪口《あっく》、不両舌、不慳貪《けんどん》、不瞋恚《しんに》、不邪見の十善戒を守って巡拝することを誓い、弘法大師の弟子になることなのだそうだ。

　朝食のあと、わたしたちは遍路用具をそろえることにした。納経所の座敷で金剛杖、菅笠、白衣、ずた袋、念珠、納札入れ、それに手甲、脚絆《きゃはん》などを買っていると、中年の女が入ってきてやはり一式をそろえだした。話をきくと、大阪からきたといい、大学に行っていた息子がある日、頭が痛いといいだして二日後に死んでしまった、それで供養のためにこの旅を思いついたのだ、といってシクシク泣くのである。そして、タクシーで八十八カ所を巡って歩くつもりだというので、金のある大阪商人の女房あたりだろうと想像した。

女のそばに風采のあがらない男がついている。女房に頭があがらない亭主にちがいない。

ところでさて、女は遍路用具一式をそろえ終ってもなかなか出立しないのである。それでしばらく雑談していたのだが、そのうち、女はタクシーの相乗りの仲間を待ちうけているのだと気がついた。五人になったら出発しようと気長に待っているのである。風采のあがらない中年男は、彼女の第一の仲間だったのだ。

そこでわたしたちはお先に一笠一杖の浮雲に身をゆだねたお遍路旅を始めたのだが、もとよりわたしたちには、一番から八十八番まで順に打っていく順打ちも、逆に八十八番から打っていく逆打ちもする気がない。そのときどきの気分と都合で、でたらめに打っていこうというのだ。いわば乱れ打ちである。菅笠には「同行《どう》二人《ぎようににん》」とあって、「迷故三界城　本来無東西　何処有南北（まようがゆえにさんがいはしろなり　ほんらいとうざいなく　いずくのところになんぼくあらん）」とある。文句はないはずだ。

旅をしながら死になじむこころ

それでもわたしたちは、十番寺まではかなりまじめに打っていった。せまい街道を行くと、ところどころに遍路の道しるべである遍路石が立っている。〈へんろ道〉という文字と、それに方向を示す手の形が刻まれていて、次の札所への道を教えてくれるのである。

へんろ道にはある〈なつかしさ〉がある

四番寺への途中の道で、わたしたちは、御詠歌をうたいながら逆打ちしてくる四人連れのおばあさんたちに出会った。納札入れを首からさげ、風呂敷包みを背おい、下駄をはいたのんびりしたなりをしている。

路傍のお地蔵さんのまわりにころがる石に腰をおろして話をした。いずれも近くの町の者で、春になると十番寺から一番寺までの逆打ちの旅に出るのだという。どうやらおばあさんたちにとっては、二～三日の花見の旅なのである。ひとりが「わたしはこういう者ですよ」と札を一枚くれたが、それは赤い札で、名前と年齢がエンピツでたどたどしく書かれている。たいていのお遍路は白い札だが、きくと、赤い札を奉納するほどの者は二十回くらいはお遍路旅をしているとか。それ以上になると金色の札になるという話だ。

札といえば、各寺には、本堂といわず大師堂といわず、いたるところに札がべたべたとはりつけてある。あとで調べてみたところ、六十代

明るい日射しのなかを行くお遍路

がいちばん多く、あとは大体、七十代、五十代、八十代というふうになっていた。ある札所では、ふらふらしていていったい歩けるのかと思える老人をみたが、わたしたちが札を調べて知った最年長者は八十九歳だった。

第五番・地蔵寺《じぞうじ》は土地の者から羅漢さんとよばれているそうで、なるほど羅漢堂には実にたくさんの羅漢がならんでいた。腹をかっさばいて両手でぐいと開けている羅漢もいる。「俺の腹のなかをみたらオマンマがノドを通らなくなるぞ」などと居直っているのかと腹のなかをのぞいてみると、小さな仏像が入っているのだ。そんな愛敬のある羅漢が五百も（実際には三、四百）あるのである。

わたしたちはその先で、ニッキを砂糖のころもでつつんだ菓子を買い、それを食いながら十番寺・切幡寺《きりはたじ》の長い石段を登っていった。すると、中ほどの岩かげに苔むした石仏がびっしりとならんでいて、そばの小さな大師堂の扉の上に、しろうとっぽい作りの天狗の面がかかって

五番・地蔵寺の五百羅漢

いた。

それは目玉をえぐった木の顔に細長い木の鼻をつけ、棕櫚《しゅろ》皮の髪の毛、まゆ毛をつけたもので、空洞の目で虚空をケラケラ笑うようにみつめているのだ。

三百段の石段をのぼりつめると、そこは桜が満開で、わたしたちは夢幻の明るいひろがりにつつまれたようだった。本堂で線香とロウソクをあげ、〈南無大師遍照金剛〉と三回となえたあと、しばらくぼーっと本堂の木の階段に腰かけていると、「あーれ、やっとついたかねえ」といって老人と老婆が石段をあがってきた。

そして首にさげた白い袋から一円玉をつまみ出し、別の袋からは米粒をつかみ出してサイ銭箱に向けてぱっと投げた。そしてわたしたちは、わたしたちの十円銅貨だとコトンというだけなのに、一円玉五個くらいでも景気のよい音をたてさせる方法を知ったのだ。

二人の老人は夫婦なのだろう、わたしたちとならんで階段にすわり握りめしを食っていたが、ひとつ食い終ると「バスに乗り遅れちゃいかんなあ」といって、またゆらゆらと石段をおりていった。

そのとき死について思った。

もし彼岸なり、神や仏なりがあるものなら幸せだ。わたしたちが死をおそれるのは、おそらくそれが永遠の無であり意識の沈黙であるからだ。地獄であろうと、あってくれれば無の意識

切幡寺へ行く途中のお堂にかかっていたお面

から逃がれられるわけで、それこそありがたいものだ。――そして、桜が散っていた。その夢幻的な色のひろがり。桜の木の下に死者が埋まっているとしても、だがその木になまなましい根っ子があるとは信じられないことだ。

たしかにわたしたちは、花の下で夢みるようにとけこむように死んじまえたら、それはまた無上の幸せだと思う。あるいは老人遍路たちは旅をしながら死になじむこころを求めているのではないか。〈日本人〉の理想的な死にかたとは、そんなものであるのだろう、と思った。

石段をおりきったころはすでに夕暮れ時だった。夕暮れ時にはお遍路宿の女たちが、まるで江戸時代の宿場町の客引きのようにお遍路のそでをひく、ときいていたので、わたしたちもそんな目にあいたいと思っていたのだが、宿の前には人影もない。

最近ではお遍路旅も観光バスでの団体旅行となり、そのへんのお遍路宿の前をサッと通っていってしまう。で、お遍路宿の方でもいささか

十番・切幡寺へのへんろ道

切幡寺。雨の中で桜が散っていた

切幡寺への参道

なげているのだろう。休憩所らしきものがあるので、そこに入って汗をふいていると、おばさんがお茶を入れてくれ、さらに火ばちで焼いていた里芋を「食べなされ」といって出してくれた。それが接待というものらしい。

空気だけはきれいですからのう

吉野川の支流ぞいに平家の落人集落といわれる祖谷渓《いやだに》へ入っていったのは、すでに夜になってからだった。ヘッドライトがうつし出すものは、ガスがかかったけわしい山道と左側の崖だけで、前方あるいは右側には、あるいは乳色の闇、あるいは漆黒の闇が深くひろがっていた。——祖谷渓はお遍路旅には関係ない。しかし、せっかくの四国の旅、行ってみようということになったのである。

一時間も走ってやっと小さな集落についた。夜の底で眠っている集落。そして暗い通りに明るい光をもらしているのは、歩いてみてわかったことだが、全部床屋だった。小さな集落に床屋が三軒、それも十メートルおきくらいにある。いったいどういうことなのか。どの店にも客がひとりずついて、いかにものんびりとやっていた。

その夜、その先の集落でやっと宿をみつけることができた。その集落にはかずら橋があり、たいていの観光客はその橋を渡ってみて帰っていくようだ。だがわたしたちは翌日、さらに奥まで行ってみた。

腰に風呂敷包みを結び、キセルを吹かしながら歩いている老人を車にのせてやったのはその道すがらだった。時谷という名のおじいさんで、ひまだから祖谷渓を案内してやる、という。

祖谷渓はたしかに秘境の名にふさわしい。谷は深く、家々はその谷をのぞきこむ山の急斜面にへばりつくように点在している。久保という集落に入ると、時谷じいさんは「ウチはすぐ上だから、寄ってくだされ」という。そこでわたしたちは車を降り、石ころだらけの細くて急な山道を登っていった。

小一時間も木々の間をぬう道を登ると、行手に粗末な火の見やぐらのようなものがみえた。てっぺんにスピーカーがついている。そこが土地屋という人家が十軒ばかりの小さな集落の入口で、そこに立つと突然のように風景がひらけた。山の斜面に耕された麦畑、まぶしい光のなかでまどろむかにみえる農家。有線放送のスピーカーはその集落に向ってすえつけられていたのである。風がさわやかで、空気がいいですねえ、というと、時谷じいさんは、「さよう、さよう。なにさま空気だけはきれいですからの」と答え、路傍の草に腰をおろしてキセルをスパスパやりだした。

「わたしは長年思っておりますのですが、東京の人はひとの吸った空気を吸っているのでしょうな。わたしらはひとさまの吸った空気は吸わないですなあ」

わたしたちはさらに十分ほど山道を登った。ミツマタの黄色い花が咲いていていた。「ばあさん

東祖谷山村、土地屋集落の時谷さん

や、お茶を入れてくれんかい」——時谷じいさんは麦畑にいた老婆に声をかけた。そしてその畑の上方、石垣の上に時谷じいさんの家があった。

縁側にすわると、まだらに残雪をかぶった山なみが谷の向うにひろがっている。庭のわきの苗床にはタバコの苗がようやく一センチほどに育っていた。

——わたしはここから外の町に出たことはめったにないですわい。戦争中に九州の炭鉱に勤労奉仕に行って六十日すごしてきましたが、あれがいちばん遠くへ行ったわけですなあ。明治の末ころ、子どものとき修学旅行で徳島に行ったが、そのころの祖谷渓から外への道は上ったり下ったりの細道でひどかった。下の集落までバスが通ったのは日華事変のころでしたなあ。

そんな話をきいていると、嫁さんが茶を入れてきた。と同時におばあさんが隣の棟から茶碗を盆にのせてやってきたのだ。いったいどうなっているのだろう。

このへんじゃどこでも、インキョとオモと二棟あって、隠居した年寄り夫婦はインキョに住む習慣になっておりましてなあ、と時谷じいさんはいうのである。

時谷じいさんはことし七十歳で、隠居したのは十四、五年前だそうだ。それにしても、手ぬぐいかぶりしたおばあさんが茶碗を手渡してくれるとき、ほとんど乙女のごとき恥じらいの表情をしているのにわたしたちは驚いた。彼女は茶碗を配ると、そそくさとインキョにかくれてしまいそのまま二度と姿を現わさなかった。

そのインキョの屋根の上で竹の串で串刺しにされた小さなワラ人形がゆらゆらとゆれていた。それは丑《うし》の刻参りのあの人形をおもわせるものだった。あれはな、鳥おどしといってな、カラスが屋根にとまらないようにつけるのですわ、カラスは縁起が悪いですからのう、とじいさんはいった。ゆれるものがあるとカラスはこんのじゃ。

わたしたちが山をおりることにすると、時谷じいさんはまた案内にたってくれた。山道をスタスタおりていくじいさんには、少しも疲れたふうがみえない。

「このへんはな、朝の七時と十時、それに午後の三時と夜の八時と四回めしを食うのですわ、そのせいかのう」とじいさんはいうのである。

最後には六棺に入るのですなあ

途中でじいさんはゴソゴソと木のなかに消えてしまった。しばらくして「おーい」とよぶ。行ってみると、そこは小さな墓地で、ひと隅に真新しい穴が掘られており、そばにツルハシが投出されてあった。きくと、土井番という集落で、人が死んだのだという。

黄白色の花を咲かせたしきびの木の下には子どもの墓があった。かなり古い墓石は地蔵をかたどったもので、地蔵墓というものだという。墓石には明治という字がよめた。

その墓地から道を少し下ると、また景色が開け、そこが土井番集落だった。わたしたちはまぶしい光のなかを歩いていった。わたしたちの奥深いところをうとうとさせる過剰なまぶしさ。すると目の下に二棟のワラぶき屋根がみえ、男や女が集っているのがみえた。そこが葬式のある家だった。

わたしたちはその家への道をおりていった。男や女は、みなうさんくさそうな顔でわたしたちをながめていた。

祖谷渓の家々はほとんど急斜面にへばりつくように建っている

障子があいて、暗い顔をした男が廊下に出てきた。時谷じいさんはその男におくやみを述べ、わたしたちも間のぬけたようなおくやみを述べたのだが、男はぶすっとしたまま障子を閉め部屋に入ってしまった。

そのとき、暗い部屋のなかに五、六人の男が黙りこくってすわっているのがちらとみえた。死者はその奥の暗がりで寝ているのだ、と時谷じいさんが教えてくれた。

西祖谷山村

斜面の下の別の棟（そこがインキョだったと思う）では、男たちが六角形の棺や野辺送りの飾りものを作っていた。
この棺を六棺といってな、これも家なのですなあ。オモに住み、それからインキョで暮し、そうして、最後の家であるこの六棺にわたしらは入るわけですなあ、と時谷じいさんはいった。
そこにいた集落の男たちの話では、野辺送りは日がとっぷりと暮れてから出発するという。死者は光を恐れるというのである。
わたしたちは時谷じいさんと別れて山道をおりた。途中、わたしたちはいっぴきのトカゲを踏み殺してしまったが、裏返ってもがくトカゲの横腹が金色に輝いてみえた。わたしたちはその残酷なまぶしさに刺され、ふっと、金色の闇のなかを行く野辺送りの列をみたように思った。

目に耳にこだまするは般若心経

七十五番・善通寺境内の土産店

——薄茶色の乾いた風景だった。そこは河口だったが、水は海から川に向って流れ、さらに上流に向ってゆったりと流れている。おだやかに晴れた日。私はその流れを追って河原を歩いて行く。よくみれば、その風景は川と河原だけしかなく、流砂によってできた河原は草木のかげもなくけだるく広がっている。

私はやさしさに包まれ、のどかな気持で歩いて行く。と、突然、行手に古い長持が置いてあり、その上に正座しうつむいている老婆がいる。それは私の母親だった。そして、川の流れに目をやると、古い長持に乗った老婆たちがゆったりゆったりと上流に向って流れてゆくのである。

春の暁にそんな夢をみた。はたしてわたしたちの〈夢〉はどこに帰っていくのだろうか。わたしたちの〈夢〉の帰りつく先を求めてするのが、あるいはわたしたちの〈旅〉であるのだろうか。わたしたちが〈旅人〉であるとき、少なくともわたしたちは光あふれた幻野を行く者であるというのはたしかなことだ。

高知から宿毛《すくも》へ向う途中、わたしたちは国道を向うからやってくる葬列に出会った。棺をかついでいる四人の若い男たちは竹で編んだかごのようなものをかぶっている。それも光を恐れてかむるのだと、あとでひとに教えてもらったが、光あふれる四国路にはそうした冥暗の世界がわたしたちのなつかしさをよびおこすかたちでひろがっているように思える。

わたしたちはこの旅の間、ひとつのこころの傾きをもち始めていたと思う。どこの札所にも、あるいはたどたどしい筆つきで写された般若心経がはりつけられていたが、わたしたちはそれを声を出して読み、あるなつかしさを味わったものだ。漢字がうつくしいせいか、音がうつくしいせいか、どちらかだろう。

佛《ぶっ》説《せつ》摩《ま》訶《か》般《はん》若《にゃ》波《は》羅《ら》蜜《みっ》多《た》心《しん》経《ぎょう》
観《かん》自《じ》在《ざい》菩《ぼ》薩《さつ》行《ぎょう》深《じん》般《はん》若《にゃ》波《は》羅《ら》蜜《みっ》多《た》時《じ》照《しょう》見《けん》五《ご》蘊《うん》皆《かい》
空《くう》度《ど》一《いっ》切《さい》苦《く》厄《やく》舎《しゃ》利《り》子《し》色《しき》不《ふ》異《い》空《くう》空《くう》不《ふ》異《い》色《しき》色《しき》即《そく》
是《ぜ》空《くう》空《くう》即《そく》是《ぜ》色《しき》受《じゅ》想《そう》行《ぎょう》識《しき》亦《やく》復《ぶ》如《にょ》是《ぜ》舎《しゃ》利《り》子《し》是《ぜ》諸《しょ》
法《ほう》空《くう》相《そう》不《ふ》生《しょう》不《ふ》滅《めつ》不《ふ》垢《く》不《ふ》浄《じょう》不《ふ》増《ぞう》不《ふ》減《げん》是《ぜ》故《こ》空《くう》中《ちゅう》
無《む》色《しき》無《む》受《じゅ》想《そう》行《ぎょう》識《しき》無《む》眼《げん》耳《に》鼻《び》舌《ぜっ》身《しん》意《に》無《む》色《しき》声《しょう》香《こう》味《み》
触《そく》法《ほう》無《む》眼《げん》界《かい》乃《ない》至《し》無《む》意《い》識《しき》界《かい》無《む》無《む》明《みょう》亦《やく》無《む》無《む》明《みょう》尽《じん》
乃《ない》至《し》無《む》老《ろう》死《し》亦《やく》無《む》老《ろう》死《し》尽《じん》無《む》苦《く》集《しゅう》滅《めつ》道《どう》無《む》智《ち》亦《やく》無《む》
得《とく》以《い》無《む》所《しょ》得《とく》故《こ》菩《ぼ》提《だい》薩《さっ》埵《た》依《え》般《はん》若《にゃ》波《は》羅《ら》蜜《みっ》多《た》故《こ》心《しん》
無《む》罣《けい》礙《げ》無《む》罣《けい》礙《げ》故《こ》無《む》有《う》恐《く》怖《ふ》遠《おん》離《り》一《いっ》切《さい》顚《てん》倒《どう》無《む》想《そう》
究《く》竟《きょう》涅《ね》槃《はん》三《さん》世《ぜ》諸《しょ》佛《ぶつ》依《え》般《はん》若《にゃ》波《は》羅《ら》蜜《みっ》多《た》故《こ》得《とく》阿《あ》耨《のく》
多《た》羅《ら》三《さん》藐《みゃく》三《さん》菩《ぼ》提《だい》故《こ》知《ち》般《はん》若《にゃ》波《は》羅《ら》蜜《みっ》多《た》是《ぜ》大《だい》神《じん》呪《しゅ》
是《ぜ》大《だい》明《みょう》呪《しゅ》是《ぜ》無《む》上《じょう》呪《しゅ》是《ぜ》無《む》等《とう》等《どう》呪《しゅ》能《のう》除《じょ》一《いっ》切《さい》苦《く》眞《しん》
實《じっ》不《ふ》虚《こ》故《こ》説《せつ》般《はん》若《にゃ》波《は》羅《ら》蜜《みっ》多《た》呪《しゅ》即《そく》説《せつ》呪《しゅ》曰《わっ》
羯《ぎゃ》諦《てい》羯《ぎゃ》諦《てい》　波《は》羅《ら》羯《ぎゃ》諦《てい》　波《は》羅《ら》僧《そう》羯《ぎゃ》諦《てい》　菩《ぼ》提《じ》薩《そ》
婆《わ》訶《か》　般《はん》若《にゃ》心《しん》経《ぎょう》

もっとも、これを読んだからといって、わたしたちが悟りきった者になるはずもない。裸の〈ことば〉にふれただけだ。

大師さまの救いでございまする

宿毛市郊外の山あいのとある集落についたと

き、すでに日はとっぷりと暮れていた。ある商店で三十九番・延光寺への道をたずねると、おばさんは途中までの道を教えてくれ、「また先で問うてくだされ」といった。その晩は延光寺門前の「旅人さんの御宿」という看板をさげた若松屋というお遍路宿に泊ったが、ここでもわたしたちはうれしい〈ことば〉をみつけた。

五右衛門風呂につかり夕食をすまして、弘法大師像を安置した部屋で雑談していると「まあ、みなさまお若いのにお偉いことでござりまするなあ」と女形のような声をした宿の主人が、ふすま越しに語りかけてきたのである。ふすまを開けると、なんと若松屋主人はふすまに向って正座し、わたしたちと話していたのだ。

わたしたちの部屋に入ってもらうと、部屋の隅に正座し両手を膝のうえにおいて「寒いですから横になってきいてくだされ」という。そこでわたしたちは布団のなかに入って主人の話をきいた。

——まあ、なんでござりまするなあ、こうい

若松屋主人

うお宿をしておりますると、いろいろなお遍路さんがまいります。四月のなかばごろまでは花見、山見の団体のお遍路さんが多うございまするが、それからあとの季節には何かお願いごとをお持ちのひとりのお遍路さんがまいられます。

　そういうお方のお話をきいて一緒に泣いてあげなきゃいかん晩もあります。多いのは、なくなった方の供養にとまいられる方で、お子さんやお孫さんがご不幸な目におあいになり、その魂が迷っているかもしれない、そこで大師さまにお導きいただこうとお参りにまいられるわけでございまするなあ。

　私も皆さまも死にますと着ますあのそでのない白い着物を着ましてお年寄りの方はやってまいりますが、その着物を笈摺《おいずる》といいまして、あの世へ行ってもお遍路をするという心をあらわしているのでございまする。

　若いお方には、ひとにいえない苦しみをお持ちの方が多うございまするなあ。脳を患ってこけておられるとか——。ハンセン氏病と思われるお方も十年くらい前にはみえられました。私が子どものころは、ハンセン氏病のお遍路さんをたくさんみましたなあ。いまはカサなどの方はまったくみえなくなりました。

世の中、ひらけてまいりましたなあ。けれどもこの道はまだまだひらけておりませんで着類《きるい》を下さいとまいられるお方もあります。俠客のお遍路さんもまいりました。悪いことをしたお話をいろいろして下さいましたが、話しおえると「これで二、三日はぐっすり眠れる」といってておられました。あとで「四、五日は真人間の気持でいた」と手紙を書いてよこされ、私は心にそれをおぼえて手紙をやきました。

つらい思いをしたのは、ニセ遍路にだまされたときでございましたなあ。私どもには娘ひとりと息子がふたりおりまするが、男の子のひとりが小さいころより巡査になりたがっておりました。あるときお遍路がみえまして、東京に知った巡査部長がいるから世話をする、というのです。そこで親戚に寄って頂き、相談いたしましたところ、そこが田舎者の正直さで「そりゃあいい話だ」ということになりました。

そこで中学を出たばかりの息子に何万円かのお金をもたせ、そのお方におあずかりいただいて送りだしたものでございます。でございますが、三日たってもなんの連絡もございません。心配いたしておりますると、四日目に駐在さんが「息子さんが広島の警察に保護されている」といってこられました。七日目に息子は帰ってまいりましたが、そのお遍路にお金をとられ、広島の精神病院に入れられていたというのでございます。

息子と一緒に、つかまったお遍路もこちらに帰ってきましたが、それから、私も体をこわしまして、四年前にお宿をやめようと考えておりましたところ、ジョージトームというブラジルのお遍路さんがまいられまして、お米の作り方を教えてくれたのです。その通りやってみますと一反五石も取れるようになりました。このへ

雨の中を打っていくお遍路

んの山あいの田では考えられない収穫でございます。ジョージトームというお方はお年寄りでございましたが、きっと大師さまが姿をかえて私を救ってくれたのだと思うのでございます。

このお宿は明治二年から開いておりまして私で三代目なのですが、それ以来、いつまでもお宿をやっていこう、と心を入れかえましたわけなのです。息子はあとで青森で魚をつんだ車を運転しておりましたが、いまはここに帰って山仕事をしております――

わたしたちの部屋の隅と廊下の隅に大きな花輪が二つあった。

――それは、団体のお遍路さんがみえられますときに出すのでございます。生きているうちに花輪を贈られるとはうれしいものだ、と皆さまおっしゃられますなあ。

六十三歳だという若松屋主人は、そして翌朝、わたしたちが起き出して庭に出ると、バケツに水をくんできてせっせとわたしたちの車を

遍路用具を売っている店

洗っていた。わたしたちは土ぼこりで白くなった車をカッコいいと思っていたのだが、主人は「こんなお姿で東京へ帰られるなんて、もったいないことでございます」というのだ。あけたばかりの山あいの遍路道を錫杖《しゃくじょう》を手にした白衣のお遍路がひとりすたすたと歩いていた。

乳房のなやみか娘遍路同行二人

〽宿毛という字はカニジラミを思い出させるよ――などと歌いながら宿毛市を通過したわたしたちは、西海町の有名な石垣の集落・外泊をみたあと、その日の夕方には四十三番・明石《めいせき》寺《じ》についていた。この寺は宿泊者に厳しい修行――御堂の掃除や境内の草とり、それに霊勤行（無我になる行）や洗面行など――をさせるというので、ものは試しにやってみようと思ったのだ。

境内に入ると月の光をあびて赤紫のもくれんが妖しく咲いていて、二人の娘遍路が本堂に腰をおろしていた。彼女たちも今夜はここの宿坊

八幡浜の山腹の砦。実はお花畑を鳥から守るためボロ布を旗のように林立させているのだ

七十一番・弥谷寺は死霊がもどってくる寺だといわれる。墓谷とよばれるこのあたりには古い墓がならび、幽暗な雰囲気が漂っていた

に泊るのだろう、これから歩きで町へ出るには日が暮れすぎている、と考えたわたしたちはすっかりうれしくなってしまったのだが、宿坊から出てきた男にたずねると、今晩は泊る人はおりませんな、という。本堂の方を見ると娘遍路の姿は消えてしまっていた。

そこでわたしたちも泊ることをやめてしまったのだが、その寺のお堂には白い布でつくった乳房と「め」という字を雨だれのようにたくさん書いた紙がいくつも奉納されていた。乳房を奉納している者は多く二、三十代なのである。二人の娘遍路もなにか乳房に悩みをもっていたのにちがいないとわたしたちは思った。本堂にこんな板きれがうちつけてあった。

私は今年七十一歳になりますがちゆぶのしだしで手や足がふじゆうでこまつていましたところがここのおだいしさまにおたのみしましたところがおかげさまでなおしていただきましたからこのおふだを立てお礼をいたします

七十一歳の女　イセヨ

たどたどしい字で書かれたこういう板や紙はたいていの札所でみられる。

咄《ああ》、我等は妄想の眠深し、流来生死の始何れの時ぞ、輪廻《りんね》日久し菩提覚悟の終何れの日ぞや、冥路より冥路に入て、無礙《むげ》の光明を失ひ、業海より業海に漂ひて、六趣にさまよふこと車の廻るが如し。

ある寺の本堂の仏前に置いてあった真言宗の聖典をぱらぱら開いていると、こんな一節があり、「冥路」という字がなんとなく気にいった。そこでそれを売ってくれというと「五十円でいい」という。百円で買った。そして、その聖典をよんでみると「衆生《しゅじょう》は一真如《いっしんにょ》に迷《まよ》ひて六《ろく》道《どう》の幻野《げんや》にさまよふ」などとある。

地蔵の胸の赤い赤いよだれかけ

つげ義春が、「森進一の《港町ブルース》に〝高知、高松、八幡浜――ってありますよね」というので、わたしたちは八幡浜に寄り道した。

それからは車をとばして大洲、道後などをひやかす程度で通りすごし、七十一番・弥谷寺《いやたにじ》に着いた。

この寺も山腹にあったが、車が山道を登り始めるころからすでに一種明るい荒涼感があった。一帯が賽《さい》の河原のようなふんいきをもっているのである。

この寺は死霊がもどってくる寺といわれている。そのせいか大師堂には女の子の赤い着物やよだれかけがいくつも奉納されていた。子どもに死なれた親が遍路の道すがら奉納していったものなのだろう。

墓谷とよばれるあたりはさらに幽暗なというか淫靡《いんび》なというか、妖しげなふんいきが漂っていた。そのあたりには石仏が群がるように立ちならび、昼なお暗しという感じがするのだ。地面には椿の花が散り敷いていたが、その赤はわたしたちのまなざしの底に黒ずんで沈んでいくように思われた。

本堂のあたりは桜の花吹雪だった。死霊というものがいて、そこで狂舞しているとしたら、それはすばらしいことにちがいない。夢幻的な明るさにあふれた桜の花びらの流れにのって死霊が妖しく乱舞していると想像するとき、そこにわたしたちは〈明るい妖しさ〉をみることができるはずだ。

本堂から谷の方に降りていくと、今度は賽の河原で、山道の両側には石仏や地蔵がいくつもならんでいた。そして地蔵は赤いよだれかけをかけて、ほほえんで眠っていた。

わたしたちは旅の間、寺で、あるいは路傍でかなりの地蔵さんを、みていた。そして、わたしたちは、一様にある種のなつかしさにとらえられる、そうした心の傾きをもったのだが、は

弥谷寺の磨崖仏（阿弥陀三尊）

たして、それは何だったろうか。地蔵さんに赤いよだれかけをかける心、その薄汚れた赤になつかしさをおぼえる心は何なのか。

おそらくは庶民の憤怒がよだれかけをかけさせ、その憤怒のもつ悲しさをみてなつかしく思われるのだ、という気がした。地蔵は、本来、弥勒仏が出現するまでの間、無仏の世界に見捨てられた衆生を化導するという菩薩であった。その地蔵菩薩が庶民の間で子どもの仏さまとして拝まれるようになるには、それなりの庶民の親の〈憤怒〉の歴史があったと想像するのだ。たとえば病で子をなくしたときの親の〈憤怒〉とは、それが何に対して復讐していいかわからぬ憎悪、あるいは悲しみであるゆえに生れるものなのだ。

かりに復讐可能な対象をもち得ても、子どもの〈生〉は復活しはしない。——そんなことを思っていると、路傍の地蔵の周囲に、なにか特殊日本的な歴史空間が重層的にひろがってみえるような気がした。わたしたちの〈近代〉なぞ

金毘羅さまの長い石段を客を乗せてのぼるカゴ

なんと薄っぺらなことか。おそらくわたしたちがわたしたちの内なる〈村〉へ帰りつくには、わたしたちの内なる〈近代〉を殺すべきなのだろう。

この旅の帰りに神戸に立寄ったとき、〈六甲空間〉の松下昇はこんな話をしたのだった。――子どもが生れたばかりなんですが、呼吸器官が悪く、生れて二カ月で手術しなければ助からないといわれた。生れたばかりの赤ン坊がどうしてそんな苦しみを背負わなければならないのか。そして〈ことば〉をもたない赤ン坊にかわって、何の権利があって私が赤ン坊に手術を受けさせるよう決定したのか。そうした苦しみを強いるものへの復讐不可能の憎悪、それを知った私が病院から帰ってきたとき、大学の構内に立てかけられている各セクトの政治主義的な看板がなんとものんびりみえたものです。私たちは〈存在〉に根底的にかかわったところから闘いをしていかなければならないと思う――。

わたしたちは地蔵菩薩の御真言というのを三回、勝手な流儀でとなえてみた。意味などわかるはずもないが、このことばの音はやはりうつくしいと思うのだ。

おん、かかか、びさんまえい、そわか

幻野をなおも行く老いたお遍路

結局、わたしたちは弥谷寺に裏門から入って表の山門へ抜けたのだった。山門を出るとすぐ目の前に茶屋がある。そして店の内外にやたらと短冊がぶらさがっている。俳句茶屋というのだそうだ。

逝く春を六十の旅で身もあらた
萩の朝萩の夕や弥谷寺

などという句がある。そこでわたしたちも縁台に腰をかけ、アメ湯を飲んだりトコロテンを食ったりしながら、ひとひねりすることにした。そしてわたしたちがあれこれればからしい句や歌を作っていると、茶屋の娘がケラケラ笑いながら、それでも墨と短冊をもってきてくれた。結局、こんなものを作ったのだった。

野の仏錫杖もつ手に花一輪　　義春

血痰か椿落ちたり弥谷寺　　紀夫

そのほか数句、数首。「ぼくのは文学的なんだよ、エヘヘ」とつげ義春は笑ったが、結局、あまりの発想の貧しさにガク然としてわたしたちは山道を下りたのである。

そのあと、わたしたちは八十八番の結願寺《けちがん》・大窪寺から八十五番・八栗寺、八十六番・志度寺とめぐったが、志度寺では女の祈祷師をみることができた。本堂の仏前の薄明りのなかで何人かの女たちがほとんど狂的に読経している。読経にあわせてひとりはタイコを、ひとりは木魚をたたいてドンドドンドンドンドンドンドンとやっている。

名物
心太

弥谷寺のそばにある俳句茶屋。アメ湯とトコロテンが名物

八十六番・志度寺本堂でみた祈祷風景

残りの女たちは両手をあわせて拝んでいるわけだが、女祈祷師はその女たちの背中や腰をさすり、読経が一段落するところで、「ハイ、ハーイ」と奇声を発する。すると祈祷師に体をさすられている女は、まるで髪ふり乱さんばかりの勢いで数珠を頭上高くふりあげるのだ。それは一種異様な光景だったが、同じみるなら風呂敷包みやコウモリを背中に背負い、下駄やゾウリをはいてゆったりゆったり四、五人で野の道を歩いている年寄りのお遍路の方がいい、とわたしたちは思ったものだ。

国東半島夢うつつ旅

九州東部にコブのようにつきでた国東半島。
地図をみると鉄道は通ってないし、
観光案内所をみても、ろくなことは書いてない。
「なにもないかもしれないけど
それならそれでおもしろいね、
行ってみますか」という次第で
なんとなく国東半島に行ってみたのである。

琵琶を背負って田んぼ道を行く盲僧

川の中の磨崖仏　天念寺

国東半島も過疎地帯である

中年男

間戸集落の石切場

姫島

姫島　せまい平地に家が密集している

姫島

沈黙の泡だつ〈村〉で

キラキラと降る光。

その底に集落がうずくまっている。戸数二十ほどの沈黙した集落。

小さな石切場をすぎて、細い山道をのぼっていくと、道はその集落で消えた。

豊後高田市の山中にある間戸《まど》集落。そこには人の気配がなかった。集落をつっきると、キラキラ降る光のむこうにノコギリのような山なみが見え、手前に畑がひらけていた。そこで四十歳前後と思われる夫婦が二人でイモ掘りをしていた。

白い皮の、まるでジャガイモのような大きなイモ。

——ゴコクといいまして、はあ、初めてみますか、これでもサツマイモですよ。収穫量の多いイモで、このあたりで作っているのはたいていこれですな。

ゾロッ、ゾロッ。黒い土から出てくる巨大なイモ虫のようなサツマイモである。

——静かですねえ。

とわたしたちはいう。

——はあ。

——みんな出かけてんですか。

——いやあ、自分んとこで墓石ほってますよ。

——みんなが墓石ほってるんですか。

——はあ、そうですよ。

そこで集落の道を、それぞれの農家の土間を

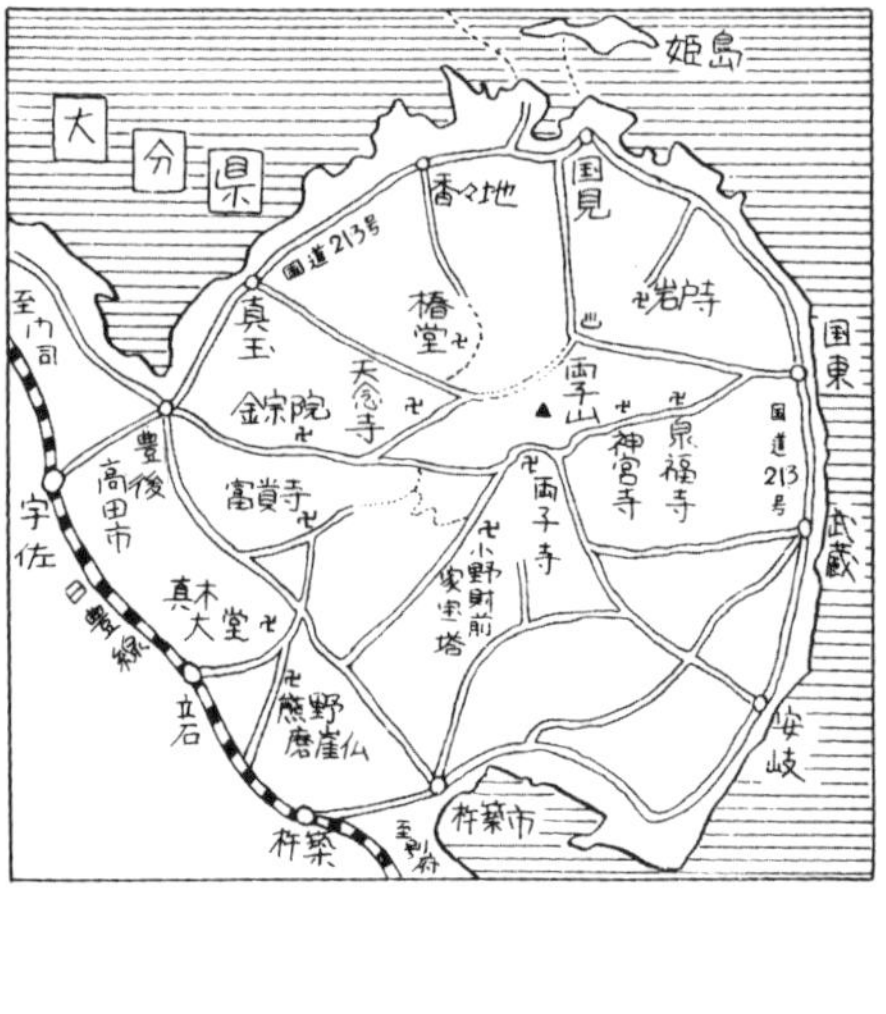

豊後高田市の間戸集落は山の中にある。畑にはサツマイモ掘りをしている夫婦がいた

のぞきこむように歩きまわってみた、キラキラ降る光。暗い土間。暗い、沈黙の泡だつ集落。

一軒の農家の障子戸が畑に向って開け放たれていて、寝ている老婆がみえた。女医がきていた。それから、わたしたちは集落の山道を下り、集落の入口のところにある石切場に行ってみた。

きりたった灰色の岩。その下に粗末な仕事小屋がいくつか並んでいる。

カッツン、カッツン――それぞれの小屋のなかで、男たちが石をほっている。ラジオがガンガンなっている。

――近ごろはねえ、農業が、米と麦だけどね、ダメになってね、石の方が本職になってきてるねえ。若い者は石切りをやらないで月給取りになるけど、石のおかげでこの集落じゃ出稼ぎに行かずにすむんだ。農業収入は三十万～四十万円、墓石つくりの年収は三十万円くらいかな。

男たちの話では、石切りはウルウ年にはやらないという。だから、その年だけは出稼ぎに行くのだが、なぜウルウ年に石を切ってはいけないのかは知らないそうだ。昔からそういうことになっているというのである。

谷間の野良にたなびく野火の煙

国東《くにさき》半島は、九州東部に丸く突きだした半島で、鉢をふせたような地形だといわれる。両子《ふたご》山（七二一メートル）を中心に放射状に谷がひろがっていて俗に国東二十八谷といわれるほど谷が多い。その数多い谷に田畑と集落が点在しているのである。過疎地で、交通の便は決してよくない。国東半島は、み仏の国とかいわれて実に多くの寺（国東の仏教文化は奈良、平安時代にケンランと花開き、国東の六つの郷には宇佐神宮の神宮寺として六十五もの寺院が建立された、これを六郷満山という）や仏像や磨崖《まがい》仏や板碑や国東独特の石の塔である国東塔などが残されているが、タクシーでも利用しない限り、これらを見歩くことはなかなか大変だ。そ

国東半島には石仏や磨崖仏が多い。いたる所にごろごろしているといった感じである

れだけにまだ面白いところだといえる。

小さな集落があって、寺がある。そこに苔むした石仏や国東塔がある。寺の裏手の畑道、山道をのぼっていくと深い森のなかに磨崖仏がある。そういうところだ。

そして、旅の初め、わたしたちは国東の山あいにひそんでいるかと思われる集落をいくつか発見し、その集落の道を歩きまわったのだ。

間戸集落と同じ谷の街道のわき道を（それは車がようやく通れる、枯草のしげったいなか道だったが）よたよたとたどっていった。すると、そこにも街道からは見えない集落があった。上野集落といい、数えたところ戸数は十ばかり。寒空に柿がなっている。古いワラぶき屋根の家がニワトリ小屋に改造されていて、ニワトリがケッケッケッとないている。

農家からおばさんが出てきたので話をすると、ここは源氏の落人集落なんですよ、という。へえ、とおどろいて（あるいはそんなふりをして）いると、まあ、お茶でもあがんな、ということになった。

——この集落はね、十軒のうち七軒が脇谷という姓なんですよ。

とおばさんがいった。なんでも南北朝の戦いのとき、新田義貞の舎弟の脇屋義助という男が戦死し、その後裔がこの里にかくれ住んだというのである。

——それでね、脇谷角佐衛門源治重という人がこの集落の祖ということになっているんですよ。

というわけだ。おばさんは大岡姓だったが、わたしも嫁にくるまでは脇谷でしたよ、といった。

ところで、おばさんは話の途中で台所に行くと、タマゴを十個ばかりうでてきて、しきりに、おあがり、おあがり、という。三人の不意の客がタマゴを食ってしまうと、今度はリンゴをむいて、おあがり、おあがり、というのである。

そして、かなり広い家にはおばさんひとりし

山の中の小さな集落でみた柿とり風景。
母親が木に登って柿をとっている

かいないのである。きくと、娘一人と息子四人の子どもがいるのだが、娘は嫁に行ってしまい、息子たちはいずれも大阪に行っているのだという。

——息子らときたら、「こっちに家を建てるから、金を貸せ」といってくるんですよ。稼いで帰るなんて気はまるきりないんですからなあ。

そして彼女は、ひとりじゃあ畑仕事もろくにできねえし、近ごろじゃあ、八百屋から野菜を買うんですよ、高いですねえ、と嘆いていた。

その集落からの帰り道、わたしたちは谷間《たにあい》の野良にたなびく野火の煙をみて、ひどくなつかしい気持になった。

まぶしい風景の中で見る暗い夢

キラキラ降る光。その底に立ちつくして、わたしたちは視野いっぱいのまぶしさの向うにかすむ田んぼや農民や畦道《あぜ》や山なみをみている。まぶしい光がわたしたちの内部のなにものかに鋭く衝突してくだけ、キラキラ散っていくひろがりのなかでわたしたちは夢をみているのである。わたしたちを包んだやさしい感覚がその証しである。

その状態は、また〈いま・ここ〉にいるわたしたちが絶え間なく〈いま・ここ〉を思い出しているという奇妙な事態でもあるのだ。目前のまぶしい風景をみながら、その風景の記憶を反《はん》芻《すう》しているという事態。

国東の午後の田んぼのなかで、わたしたちはそういうきわどい〈夢・うつつ〉のあり方を経験した。そして、旅人とはついに夢に病んだ者だと思うのだが、旅人にとっての幻想の〈村〉は、すでに現前する風景と夢とのあわいに、手の届くところにあるのだ、と思われた。

だが、一陣の風が吹けば、エロチックな幻想は沈んでいくのである。まぶしい風景のなかで暗い夢をみる孤児。

〽旅行けば野はたそがれのススキかな——広沢虎造ばりのつもりのしわがれ声がタクシーの

国東の山の中の集落は静かなたたずまいをみせ、明るい光の底に沈んでいた

窓から野火の燃える野に、小さくもれていったはずである。

老いは絶え間なく恐怖を更新する、といったのはフランスの思想家、G・バタイユだが、あるいはなつかしさの彼方に夢みられる〈村〉とは、日本人の胎内回帰イメージであるかもしれない、とも思う。そのときたとえば、〈村〉に帰りついた幻想の〈私〉は、無数の母親にまわりをワイワイととり囲まれ、爪をたてられ、ずたずたにされかねないのである。そのとき〈私〉は、母親を殺戮《さつりく》できるだろうか。確実なことは、まぶしさのなかでわたしたちがとらえられるなつかしいめまいとは、実に死のかおりの曙《あけぼの》だということだ。

性神にまつられた父娘の無惨さ

国東半島の谷間の道は、多く行きどまりである。だから、別の谷に行く場合、一度海岸までひき返し、改めて別の谷に入っていくしかない。国宝の富貴寺とか重要文化財の真木大堂の

真玉町・応暦寺の仁王像

仏像とか、同じく重文の熊野磨崖仏とかをみたあと、わたしたちは豊後高田市内にもどり、そこから別の谷に入っていった。その谷にも天念寺とかの有名な六郷満山の寺があったが、ところでさて、その谷間の道はうまい具合に隣の谷へ峠越えすることができた。

その途中、長岩屋という山のなかの集落でめずらしい民家をみた。土壁の屋根にもうひとつワラ屋根がのっている。つまり屋根が二つある家である。

——この辺にはたいていクラがあるよ。

と畑にいた農民がいったが、普通それは蔵であるらしい。わたしたちがみたクラにはま新しい障子がはまっていて、どうやら隠居かだれかのすまいになっていた。光は、その小さな障子窓からとるのである。

しかし、近ごろでは屋根をふく職人がいないし、新しくクラを作る家はまずない、と農夫はいった。

——それに、実《み》はよくなったけどね、ワラが

長岩屋という集落でみたクラ（右手）。厚い土壁の家だが、雨水で崩れないよう板で囲ってある

短くなって屋根をふくには向かないんだ。もうクラもなくなるだけだね。

峠を越すと真玉町である。真玉町といえば椿堂、椿堂といえば真玉町、というぐらい有名だというので、椿堂に寄ってみた。

伝説によれば、むかし弘法大師が唐から帰朝の途中、瀬戸内海で暴風雨にあって遭難し、真玉浜に流れついたのだとか。大師はしばらくこの地で身を休めたが、そのとき杖を地にさして去っていった。するとその杖から芽が出て大きな椿の木になり、あとでその木でお堂を建立したので椿堂とよばれるようになった、というわけだ。

豊後四国八十八カ所の四十九番の札所で、椿堂そのものよりもわたしたちはむしろ各地に霊場をつくる民間信仰の大きさ、ひろさといったものに改めて感心した。わたしたちは別の旅で福岡県の篠栗《ささぐり》八十八カ所を巡ったのだが、きくところによれば、九州では他に長崎にも札所があるそうだ。

椿堂の軒や柱には女の髪の毛がおびただしく吊りさがっていた。

真玉町の海岸近くに出たあとは、国道２１３号を走った。国道２１３号は、国東半島の海岸ぞいをぐるりと走っているのである。

しばらく行くと、西泊というバス停があり、

国東には石の性神がいっぱいある。これは伊美の神社境内でみたもの

そこから小さな谷に入って行ってみた。そして、田んぼのふちの草むらのなかからニョキニョキ天に向ってそそりたっている数本の石の男根を発見したのである。詩人の鈴木志郎康ふうにいえば、純粋灰色男根チャン、ニョーキニョキである。性神だ。

——ははあ、立派だなあ。

——バカブトーイ。

——使いすぎたかなあ。だいぶすり減ってますねえ。

わたしたちはすっかり陽気になってしまった。そこにおじいさんが通りかかり、

——この近くの一本松ってところにもう一本あるよ。

と教えてくれた。そのあたり、真玉町の臼野地区にはかなりの性神があるという。のみならず国東半島には実に多くの性神があるということだ。ところで、わたしたちが性神信仰になにか素朴でおおらかな庶民のこころを想像したのに対し、臼野の性神にまつわる伝説は、どちらかというと無惨なものである。

むかし、壇ノ浦の戦いに敗れた平家の父娘が一本松にたどりついたというのである。娘は病いと疲れのためにまさに死なんとしていた。そこで娘は父親に向って、最後にオンナの幸せを知って死にたい、と切望する。そこで近親相姦となるのだが、幸か不幸か娘はそこで死ぬことなく、その男根ニョキニョキのあたりまでやってくるのである。そしてまた死にそうだとかな

んとかいって父親に要求する。ところが、父親は怒りくるって娘を殺し、自分も自殺してしまったというわけだ。そして、一本松にあるとかいう性神は娘を、わたしたちがみた性神群は父親を祀っているのだそうだ。

――それにしてもエロチシズムのきわみで死にたいと思った娘は正当ですよね。

――それを殺しちゃうなんてね。

――父娘でウハウハよろこぶでよ、ってなわけにはいかないのかなあ。

――死ぬ死ぬって死なないから頭にきたんだよ。

――エロチシズムは結局、死の予感、死に至る生の昂揚なんだけどね。

そんなことを話してみて、そこでまた生の昂揚の果ての死など〈私〉たちには無縁だと考えてさみしくなったのだ。近代のなかで〈私〉たちは、チンケな彷徨の果てに野たれ死にするしかないように思われる。ただ、野たれ死にする者の怨念を暗い夢のなかで組織することが可能になったとき、そのときあるいはわたしたちは〈近代〉を撃つひとつのてだてをみつけ得るかもしれない、などと思ったものだ。

琵琶かかえ盲僧が行く田んぼ道

姫島は国東半島の唯一の島で、伊美《いみ》港から五キロの海上にある。二十分ほどで定期船が島の港に入る直前、島のはずれに焼場をみた。その日はどんよりしたくもり空で、人気のない焼場の風景は妙にひとを興奮させるものだった。

春や夏には観光客でにぎわうらしい島は、冬を前に静かだった。宿をとったあと、わたしたちは狭い平地にかたまった村落（姫島ひとつが姫島村となっているのだ）を歩いてみた。

島の道は、初めての者には、細い道がいり組んだ迷路になっている。夕暮れのほの白い道を歩きながら、何度か行きどまりにぶつかったり、せまい庭先に迷いこんだりした。そして、島はサツマイモの収穫期だった。家々の軒下にはサツマイモを入れたカゴなどが積みあげてあった。

密集した家々。そして妙に塀が多いのはどういうわけか。塀にはさまれたせまい路地を歩いていて、突然、塀の穴から牛が頭を出したのにはおどろいた。姫島牛（肉牛）で有名な姫島では人と牛がほとんど同居しているといってもいいようなのである。

西浦という集落の海岸の家は、三メートル以上もあると思われる高い塀ですっぽりとかくされていた。漁港はおびただしいタコ壺でびっしりと埋まっていたが、岸壁で目ヤニだらけの老人が海をみていた。もと漁師だったそうで、長い年月の間にまぶしい海の光で目をやられたのだ。島のあちこちに長い竿《さお》が立てられ、空中高くタコがほしてある。どうしてあんなに高くほすのか、ときくと、

――銀バエがたからんようにだ。

と答えた。

姫島の集落の中でみた小さな祠。サツマイモが供えられていた

ひっそりとした山中にあったお地蔵さん

島を離れたわたしたちは、国東町に行った。すばらしく晴れたキラキラと光の降る日。そしてそこでは、ある集落で琵琶をかついだ盲僧に出会ったのである。

高木今朝市という三十八歳の盲僧で、集落の家々をまわっているところだった。農家や商店に入ると、日頃の無沙汰をわびて座敷にあがる。そして、ビンビンという張りのある音をたてる琵琶を弾きながら歌うように般若心経を唱えるのである。般若心経が終ると、今度はカマドのいわれを語る。そしてなにがしかのお布施をもらって、またトボトボと集落の道をたどっていくのである。

国東半島には現在、六人の盲僧がいるそうだ。盲僧琵琶には二つの流れがあるそうだが、国東の盲僧琵琶は成就院系で、清玄法流という、すでに千年以上の歴史があるとか。国東の盲僧はみな天台宗だが、だれも寺もちはおらず、個別に布教して歩いているという話だ。

高木氏の場合、小学校六年生のとき左眼を失

茶のみ茶碗に線香を入れ、皿に塩をのせ盲僧琵琶をきく

明、そこで盲僧の橋本清光氏のもとに弟子入りして四〜五年間修行をしたが、のち二十七歳のときに右眼も完全に失明したという。そして、農家の長男だったが、あとつぎは次男にまかせて、いまは同じく目のみえないマッサージ師の奥さんと二人ぐらしをしているのである。

盲僧が家々をまわるのは、主に土用の間とか地鎮祭のときなどであるというが、頼まれればいつでも出かけていくそうだ。

——もうこれからは琵琶を弾くひとはなくなりますでしょうな。

と高木氏はいうが、要は食っていけないということなのだろう。高木氏などを最後に国東半島から盲僧琵琶がその音を絶やすのは、そう遠い先ではないようだ。

キラキラ降る光。まぶしくのびている田んぼ道。その道を盲僧が歩いていく。

それは死んだような静かな風景だった。

篠栗札所日暮れ旅

福岡市からすぐのところに篠栗という小さな町があり、
そこに篠栗八十八カ所というのがあるときいた。
ひとつの町に八十八もの札所があるとはおもしろい。
さっそくみに行きましょう――というわけで
やさしい日ざしのなかをてくてく歩く
初冬のお遍路旅をしてきたのである。

孫を連れてやってきた地下タビ、ゲートル巻きのおじいさん

道中所持すべき物はなるだ
け事少くすべし品数多ければ
失念物有ってかえって
煩はしきものなり
旅舎に到着すれば第一に
其地の方位宿の家造便所表裏
の出口等見覚をくこと　近火
盗難喧嘩等ある時の心得なり

八十七番札所のおばあさん。おめぐりさんがくると分厚い経本で肩をたたいてやる

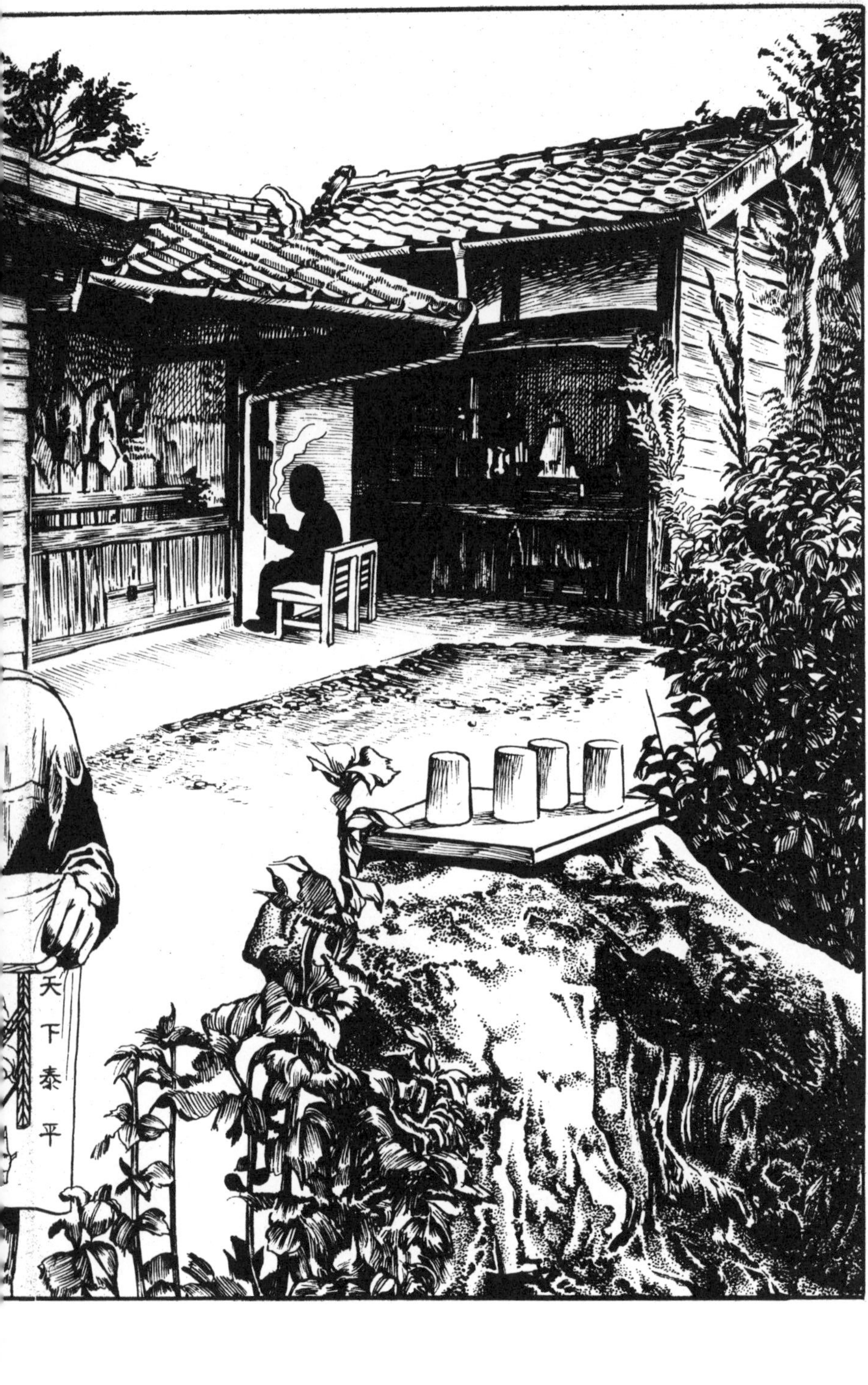
天下泰平

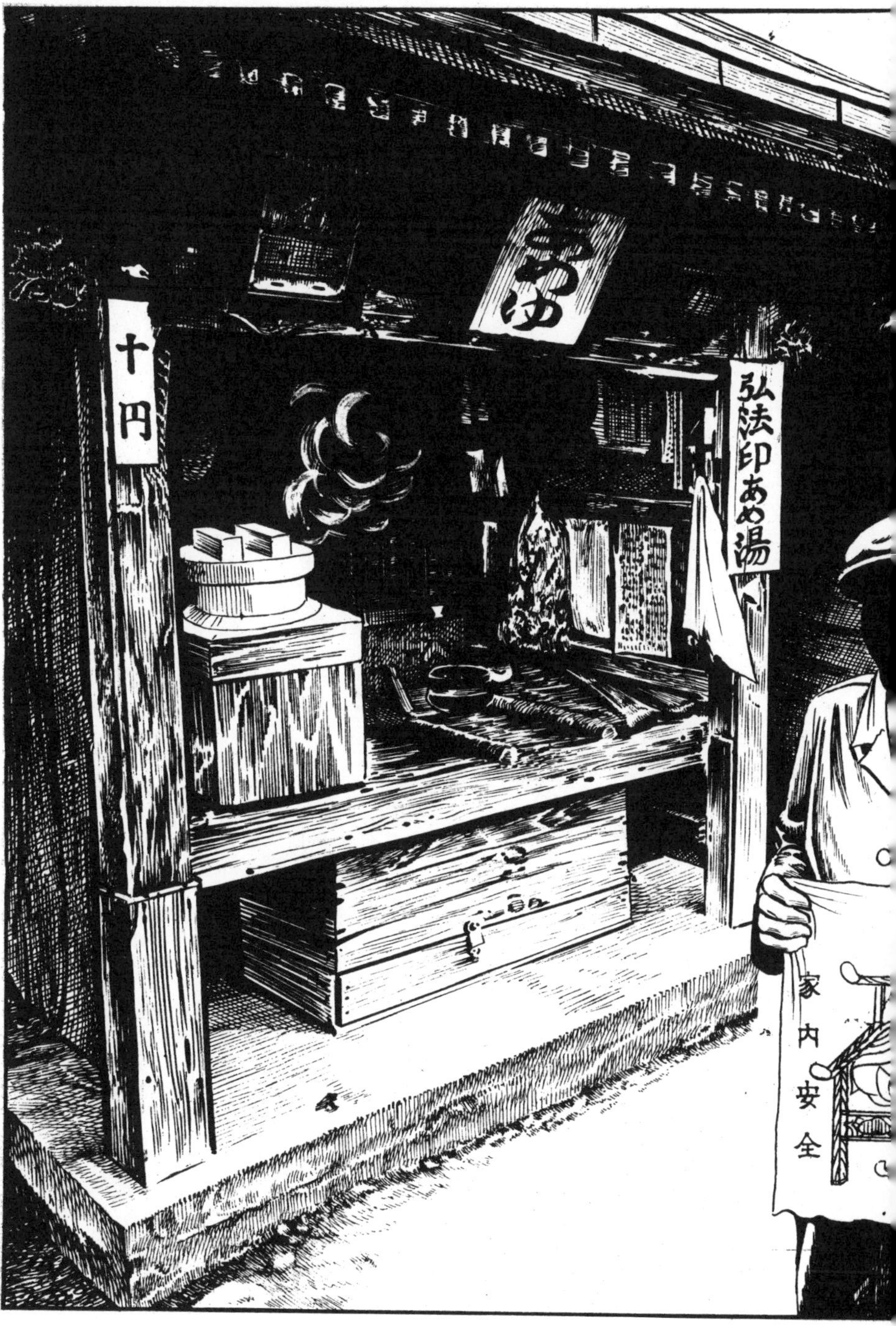
十円
弘法印あめ湯
家内安全

日切地蔵尊

小さなお堂に奉納された木製の手や足。
手足の病気の快癒を祈願したものだ

滝に打たれる前に、不浄な場所を洗い清める

お堂にかけられ、風雨にさらされた絵馬。病気
快癒を祈った「おがみ」という絵馬が多い

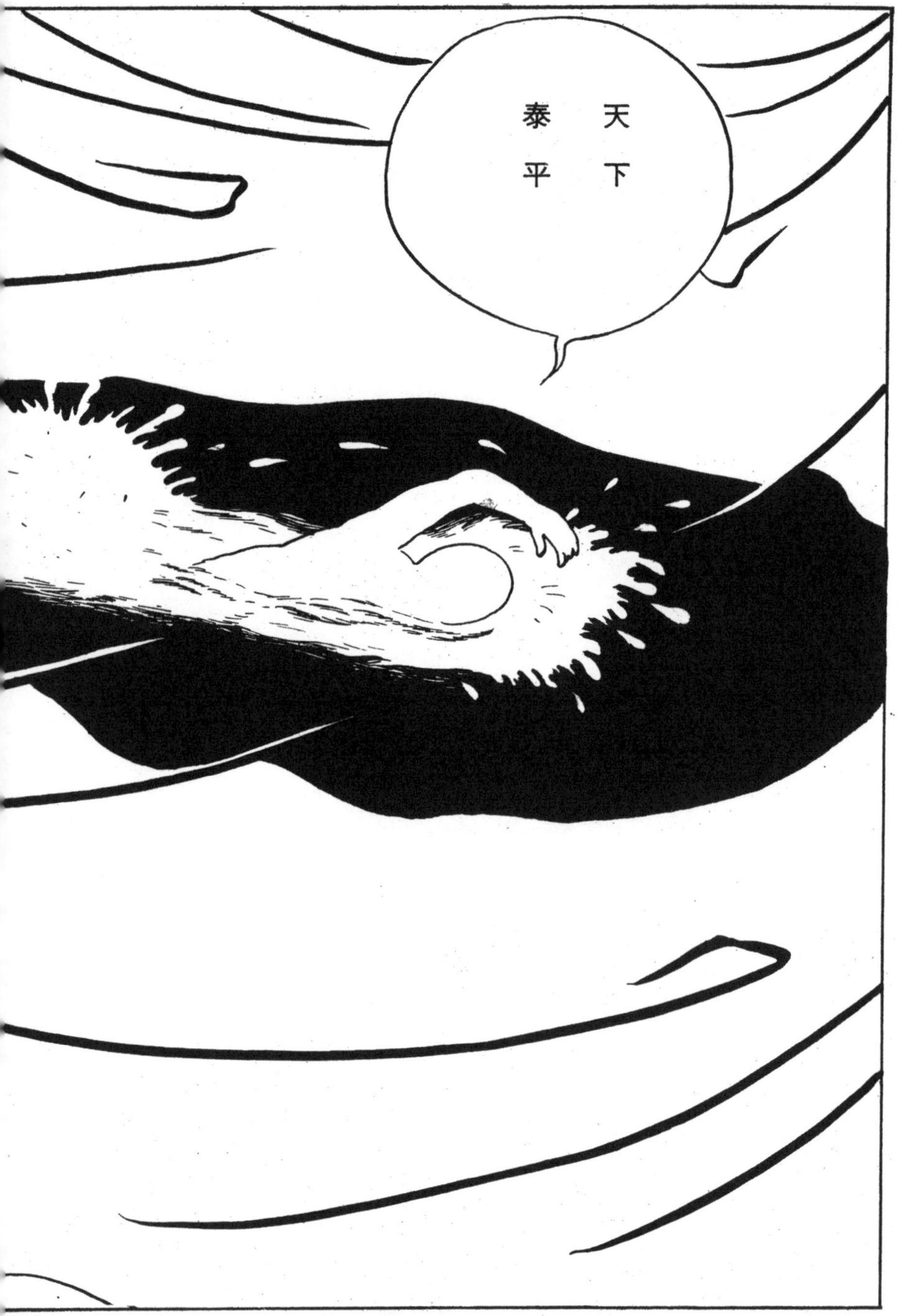
天下泰平

おんころ
ころ
まとうぎ
そわか

お堂小さく不動様が立ち並び

午後の日ざしが山の斜面を金色に染めていて、谷から吹いてくる風がさわやかにつめたい。

——いい風ですね。

——そうですね。

——土の道ってなつかしいなあ。

——そうですね。

東京をたって三時間ばかりあとに、わたしたちはもう静かな山道を歩いているのである。枯草のかおりや土のやわらかい感触が、わたしたちの感覚をささやかに錯乱させ、わたしたちを幸せな気分にさせる。

農家のわきにある祠を通りすぎたあとは、人影のない山道だった。その道をわたしたちはたどっていった。

やがてわたしたちは、行手の道に無数とおもえるほどの細長い物体がころがっているのに気がついたが、よくみると、それらはたいてい太さは鉛筆以上、長さは三十センチほどの、無気味な紫色をしたミミズなのだ。そいつが実に静かにゆったりとうごめいているのである。

まぶしい闇のうつつ。そうした幸福なうつつのなかにいて、わたしたちはひどく恐ろしいものをみた気持になった。

——三途の川を渡れない連中ですよ、こいつらは。

——そうかもしれないなあ。

そして、真言宗の経典にあったこんな一節を

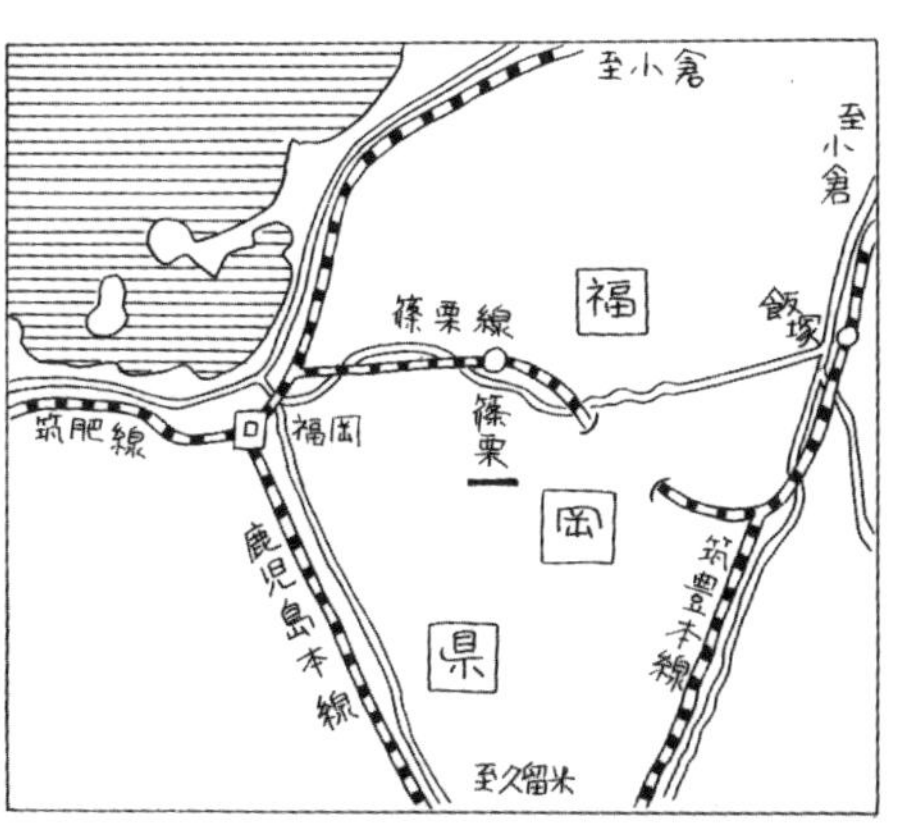

おもい出したのである。我等今この人界《にんがい》に生れ来れども前身は未《いま》だいかなる形にてありしということを知らず、去って冥路《めいろ》に入らんと欲すれば後生《ごしょう》またいかなる果報ぞや。久しく眼前の妄《もう》境《きょう》に迷ひ徒《いたずら》に夢中の名利《みょうり》に走りて、三《さん》業《ごう》四《し》威《い》儀《ぎ》常に悪趣の業因《ごういん》を造らずといふことなし。悲しいかな生死《しょうじ》の海漫々《まんまん》たり。

あるいはミミズどもは暖を求めて草むらの方から出てきていたのかもしれない。二十分ばかりそんな道を歩くとようやく農家がみえ、その裏手に八十八番の札所があった。

わたしたちはいんちきなのである。まず八十八番をみておいて、それから八十八カ所めぐりを始めようというのだから。お堂のそばの小さな休憩所の縁台に柿を盛った皿がならんでいた。農家の人が家でとれた柿をならべたのだろう、一皿二十円で、そいつを食っているうちに日が暮れた。

篠栗《ささぐり》町は、福岡市から東におよそ十二キロの

篠栗町は山あいにある小さな町だ。山のふもとや山の中や野の道に札所が散らばっている

ところにあり、国道201号が、まんなかを通っている、山あいの小さな町である。八十八の札所はこのひとつの町にあって、国道をはさむ両側の山のふもとや谷の奥に点々と散らばっている。開かれたのはおよそ百三十年前で、知多、小豆島の新四国とならんで三大新四国に数えられるとか。現在でも年間五十万人のお遍路（地元ではおめぐりさんと呼ぶ）がやってくるそうだ。みやげ屋で買った巡拝地図をみると、一見したところ札所の番号は滅茶苦茶についている。

——番号の順に打っていくと、本四国の八十八カ所を打つのとちょうど同じ日数がかかると昔からいわれてましてね、と店のおやじはいった。普通のおめぐりさんは、二泊三日で全部打つそうだ。

「お接待です」とゼンザイが出て

のどかな小春日和の日だった。その日（というのはミミズにおどろいた翌日だが）わたしたちは三十三番から打ち始めたのだった。篠栗では、どういうわけか、三十三番が打ち始めで、七十九番が打ち収めということになっている。で、わたしたちはあちこちに稲の脱穀風景のみられる田んぼのなかを、そして山のふもとの集落の細道をたどっていった。田舎道のわきにぽつんと建っているお堂、農家の裏手にひっそりと建っているお堂などが札所になっていて、いかにもミニ四国八十八カ所という感じである。四国の札所がどれもこれも堂々たる寺であるの

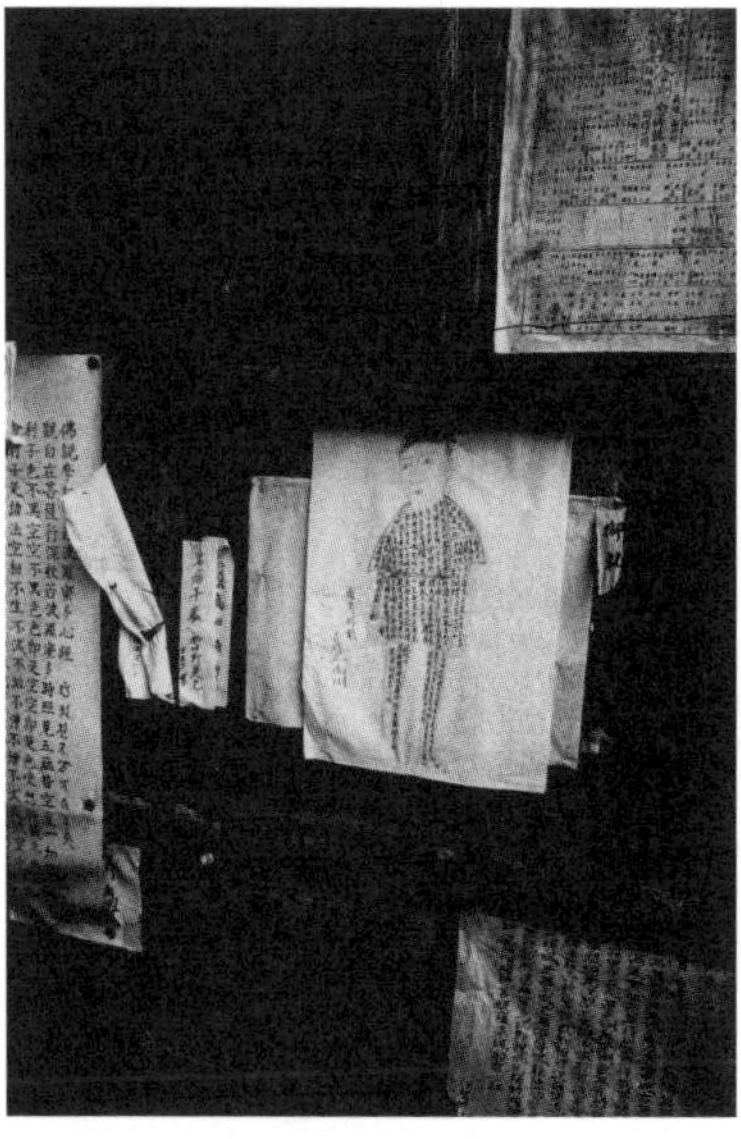
札所にはられた願文や般若心経

さわやかな空気を吸いながら田舎道を行くおめぐりさん

に対し、篠栗の方は住職のいる寺は十五、あとは農家や旅館などが管理しているお堂なのだ。

そうした小さなお堂のなかには、あるいは「め」という字を雨だれのようにいくつも記した願文とか般若心経を書き写した半紙とかがべたべた貼られ、あるいは木板をけずって作った手や足がいくつも奉納されている。数多い石仏も概して素朴な作りといってよく、その前には台所用の小さなザルが置いてあって米粒や一円玉が入っている。気にかかったのは、どこの札所でもみかけた半紙だった。それにはひとりの人間が描かれていて、その全身に般若心経の文字が書きこんであるのだ。願主は十二歳の少年で、おそらく身体障害の少年が身体の不自由をおして八十八カ所を打って歩いたものなのだ。

途中、茶店の縁台でラムネを飲み、モチを食った。そのあとのへんろ道は、谷川にそって山の奥へと向っていた。のどかな田舎道のあとは深山幽谷ムードの山道である。本四国の札所はたいてい自動車で行けるが、篠栗の山道は歩

おめぐりさん相手の茶店。アメ湯や草餅などを売っている

くしかない。その点、本四国よりおもしろく、うまくできているものだと感心した。

　谷川にそった暗い山道をたどりつめると、八十七番の奥の院があった。なにかなつかしく隠微な、淫祀《いんし》邪教《じゃきょう》的なにおいが漂っているところである。線香の煙が流れているお堂の裏手には滝があって、そのまわりには風雨にさらされて薄汚れたノボリが何十本と立っている。滝のそばの小屋のなかには〈お滝かかり〉のときに着る白衣がいくつかかかっている。さわってみると、さっぱり乾いたものもあり、べっとりと脂ぎったように濡れているものもある。

　お堂のわきに縁台をしつらえ、弘法大師の絵をおき、線香を焚いて、その台の上に正坐している黒衣のおばあさんがいた。おめぐりさんがやってくると、彼女はお経を唱えながら分厚い経本でおめぐりさんの肩や背をたたくのである。すると、おめぐりさんが五円玉か十円玉を木箱のフタに入れてくれるわけで、どうやらそれが彼女の仕事なのである。

十六番札所の祈祷師。目が悪いようだった

——お接待です、ゼンザイあがってください。

おばあさんの娘なのだろう、若いかみさんが声をかけてきた。粗末な木のテーブルの上にお椀が三つのっている。長い山道をたどってきて疲れていたわたしたちには、それはひどくうまかった。おまけに、こちらは腹ぺこだったのだ。

——なにか食うものありませんか、というと、

——ああ、ウドンがあるじゃろ、あれを出してやりなさい、とおばあさんがいった。

そこで、かみさんは大急ぎで三人前のウドンをつくり、さらにメシをいっぱいずつと、カマボコと新香のおかずを出してくれ、お接待といってもなにもできなくてすみませんねえ、というのである。お接待ということばをタダということばにすぐ翻訳してしまうわたしたちは、すっかり恐縮してしまった。

三十何年で杖が七寸減りました

次の札所で、わたしたちは四人連れのおめぐりさんに会った。おじいさん、おやじ、かみさん、それに小さな女の子で、親子三代のおめぐりさんだ。毎年、秋になるとハイキングのつもりでやってくるといい、おじいさんは、

――三十何年かで、杖が、ほれ、七寸ばかり減りましたよ。

とみせてくれた。おじいさんは、年に一回ずつ、すでに三十何回かおめぐりにきているというのだ。杖は、何の変哲もない木の杖である。

山のなかの細道に立てられたお遍路の道しるべ

ところで、わたしたちにとって意外だったのは、初冬にしてはおめぐりさんがかなりいることだった。

――春は団体さんでいっぱいですからな、わたしらのように少人数では宿がとれないのですよ。で、秋にくるわけなのです。

とおじいさんはいった。

札所の前には粗末な茶屋があって、わたしたちは、そこでアメ湯を飲み草モチを食った。茶屋の下手には、キラキラした日ざしの底を田んぼ道がのびていた。その道を大きな笠をかぶり、僧衣、ワラジばきという雲水スタイルの男を先頭に四、五十人の団体がにぎやかにやってきた。笠の男は、みるとたいへんな老人で、八十三歳だといった。団体は、佐賀県の鎮西町の人たちで、毎年、その老人を先達としてやってくるのだという。

ところで、わたしたちは一杯二十五円のアメ

八十八番札所の前に勢ぞろいした団体のおめぐりさん。物見遊山気分でくる人が多いとか

湯をのんびり飲んでいたが、四人連れや団体、それにあとからやってきたおめぐりさんたちは、さっさと山道を下っていってしまった。二泊三日くらいで全部の札所をまわるには、やはり相当急がないとダメなのだ。春とちがって初冬の日は短いのである。

八十七番札所の奥の院の滝は御手洗の滝といったが、篠栗には他に清浄願の滝、金剛の滝、五塔の滝、神代の滝とか名づけられた滝が十いくつかある。二の滝というところを訪れたときは、六十すぎと思われるおばあさんがちょうど滝から上がってくるところだった。で、カメラを向けると、

——こんなとこ撮るもんじゃありませんよ。

とすごい剣幕でおこられてしまった。彼女は、そして、ぶつぶついいながらそばの宿屋に入っていったが、近くにいた人の話では、おばあさんはいつも夜中の一時ごろに起きだして〈お滝かかり〉をしているということだった。

滝のところにはロウソク立てがいくつもあったが、夜中、おばあさんはロウソクの火をつけ、ゆらゆらと滝に入っていくというのである。

そして、本四国ではあまりみかけなかったと思うが、篠栗にはやたらとお不動さまがあって、とくに滝の周囲の暗がりにはいくつもの火炎がめらめらと燃えていた。のうまくさんまんだ、ばざらだん、せんだ、まかろしゃだ、そわたや、うんたらた、かんまん――作為的ながら、声を低くおしころして真言を唱えてみると、稚拙な作りとも思える不動明王の形相が生き生きとしてくるように思われるのは不思議だった。

風呂敷を背おい手ぬぐいかぶりでやってきた、おばあさんのおめぐりさん

篠栗の遍路道はほとんど山の中だ。このおばあさんと子どもに、わたしたちはとりたての柿をもらった

イモリはそとで寒いでしょうね

篠栗には遍路宿が五十三もあるそうだが、たいていの宿はひっそりとしていた。この季節、泊り客はあまりないのである。

三日目の午後、わたしたちは暖かそうな宿をさがそうと思って、宿が四、五軒ある集落を通りすごして山の方の集落に入っていったのである。途中で日はとっぷりと暮れてしまい、ようやく次の集落についたときは、たいていの農家の灯すら消えていた。あるいは戸をしめきったせいか、そう思えたのである。山の中腹に大きな灯りがみえ、それをめざして坂道を登りつめると、そこは何番目かの札所である大きな寺だった。

——宿坊泊りにしますか。

——それもいいですよね。

そんなことを話しながら案内を乞うと、若い妊婦が出てきて、宿坊はない、宿ならすぐ上の方にある、という。

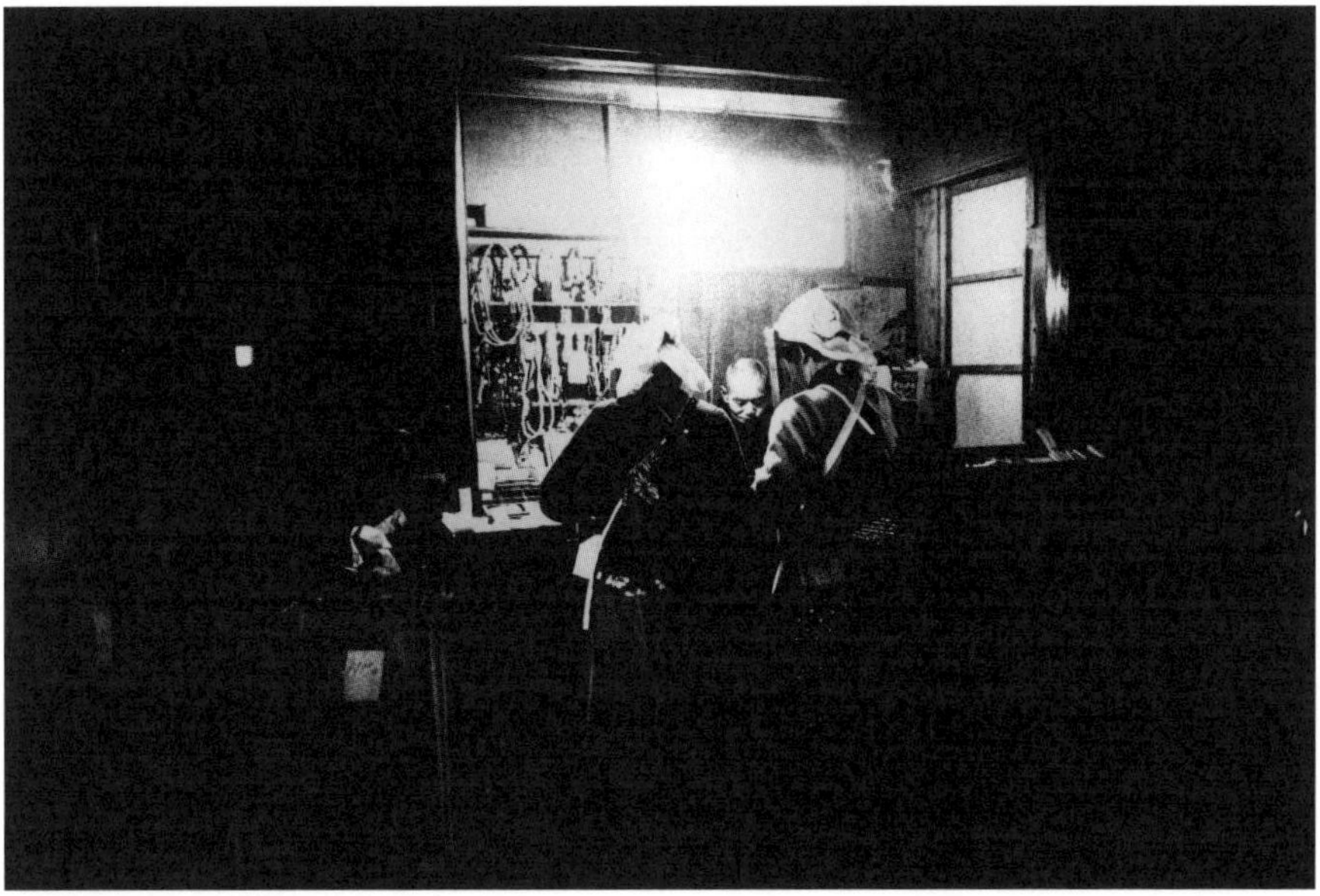

納経所でおみくじを買うおめぐりさん

谷の上の方に灯がいくつかみえる。そこに宿屋があるのだとわたしたちは考えた。だが、行ってみると、それらは農家の灯で、そこを通りすぎたあとはもう深い闇に包まれた山道が先へ先へとのびているだけだったのだ。まさに酒屋へ三里、豆腐屋へ二里である。宿屋へは四里もあるのだろうか。

——引きかえしますか。

——もうヤケですよね。テッテ的に行ってみましょう。

わたしたちは、つめたい夜気のなかを汗をかきながら山道をたどっていった。そうして、二、三十分して、ようやく遍路宿をみつけることができたのだ。

もう寒そうな宿だろうが、暖かそうな宿だろうが、どうでもよかった。ところが、玄関に出てきた手ぬぐいかぶりの女は、

——畑からいま帰ってきたところなんですよ、すいませんのお。

という。泊められないというわけだ。遍路宿

滝のそばの脱衣所。〈お滝かかり〉する人はここで白衣に着がえるのである

はたいてい農家が兼業でやっていて、農繁期は開店休業なのだという。結局、ふもとからタクシーをよんでもらい、わたしたちは無念の思いをかみしめて今きた道をもどったのだった。時計はまだ八時だった。

そして、わたしたちは一番寺の近くにようやく宿をみつけた。通された部屋はひんやりとしていたが、宿の娘がさっそくコタツを入れてくれたのでホッとしたのである。娘は、精進料理しかできませんから、といい、テレビのスイッチを入れてくれた。ところが映像が出てこないのだ。すると娘はしごく当り前の顔をしてテレビの横腹を蹴とばし、みごとに映像を出してくれたのだが、そのときテレビのどこからかイモリが一匹、タタミの上にポトリと落ちた。

——あっ、イモリだ！

——あ、やめて！

わたしたちは大あわてにあわててコタツからとび出したのだが、娘は健康な笑いをニカッとうかべ、

――別に害はありませんですに。

とかいってさがっていってしまった。

こうしたとき、害がないとわかっていてなお薄気味悪いものを殺生する気にはなかなかなれないものだ。

結局、壁がタタミと直角に交わるところにあった小さな窓を開け放して、そこから出ていってもらうことにした。しかし、イモリはのんびりしたもので、別に逃げ出す気配もない。仕方なく、わたしたちは座布団でもってイモリを追いたて、外に追い出したのだった。

――イモリは外で寒いでしょうね、とつげ義春がいった。

――悪いことしましたね。

そんなことをいって、わたしたちは精進料理をぱくぱく食ったのである。

その夜、いやな夢をみた。どういうわけでか〈私〉はナチの収容所に入れられていて、仲間の情報から〈私〉の処刑が数刻後にせまっているのを知る。そこで〈私〉は広大な収容所の一隅にある飛行場にもぐりこみ、まさに飛立たんとする戦闘機の風防の背後にへばりつく。脱走は成功したかにみえ〈私〉はほっとする。が、風防のなかで機を操縦しているのは、〈私〉の〈女〉で、〈女〉はなんと死に向って特攻機を操縦していたのだ。再び生れることがありましたら、またあなたに会えるでしょうか、と〈女〉がいった。

いやな気持で目をさましたときは、まだ夜明け前だった。窓の外で風が吹いていた。

カッコよく印字を結んでエイーッ

やがて空が白んできたので、わたしたちは起きだして一番寺の裏手にある滝のところに行ってみた。その日は護摩《ごま》焚きの日で、〈お滝かかり〉をする人がかなりいるはずだ、ときいていたのである。滝のあたりはまだ暗く、お堂のなかではロウソクがゆらゆらと燃えていた。お堂の片隅の脱衣場には脱いだ着物があって、滝のそばに行くと、四人の女が印字を結んで滝をあ

一番寺の裏手にある滝で朝早くから
〈お滝かかり〉をする若い女性

へんろ道をはずれて田んぼのなかを歩くつげ義春

びていた。

夜が明けきると、今度はおばあさんとおばさんと十五歳前後の少女の三人がやってきて、脱衣場で白衣に着がえ、滝に入った。まず各自が己れの秘所を水で洗って滝に入るのだが、滝に入るやいなやみなひどく熱狂的になるのである。少女は印字を結び、絶叫するかのように経を唱え、やがて泣声に似た金切り声をあげて水を切るのである。その熱狂と白衣の下からすいてみえる豊満な肉体。それはすごくエロチックだった。

三十分もして三人の女はあがってきたが、着がえをすませてしまうと、初めて歯をガチガチいわせてふるえだした。そして、あとからお滝入りしたおじいさんもあがってきて、のんびり世間話を始めたのである。

——今日はつめたいですなあ。

——そうですね。

——でも、英彦山《ひこさん》の方がもっとつめたかったですよ。

——ああ、あそこはきつかったですなあ。

どうやら三人の女もおじいさんもあちこちで〈お滝かかり〉をしているらしい。切実な願かけがあるのか、あるいはちょっとしたレクリエーションなのか。九時ごろには三十歳前後の二人の女が水泳選手のような帽子をかぶって滝に入ったが、こちらは印字の結び方、気合のかけ方、水の切り方があまりにみごとなのだ。

「エイーッ」「ヤーッ」「エイーッ、エイーッ」とやっていたが、そのころには参詣人がいっぱい滝のまわりに群がっていたわけで、意外と彼女たちはカッコいいところをみせていたのかもしれない。

あとがき

たとえばある日ぼんやりと「ここではないどこかへ行きたい」と想うとき、旅というものは始るのだろうか。わたしたちの場合はほとんどそうだった。きれいな景色をみようという欲もなく、旅先の土地や人びとの暮しを知ろうという熱意もなく、ただふわふわと旅するだけであった。目の前にひろがる〈風景〉をみて（しばしばみることには熱心で）ふわふわとその前を通りすぎていく、あるいは通りすぎてくるだけなのだ。主観的には優雅きわまるのんびり旅である。ただし、わたしたちがみる〈風景〉は現実にいまいたるところで〈近代〉という病菌によって壊死しつつあるわけであり、旅するとはついに実在する悲惨な空間を移り行きながら、同時に幻の〈村〉をもとめておのれの内を行くものではないか、旅とはそうした二重構造のうちに暗く可能なのではないか、という想いには常に包まれていたのである。

一九六九年夏から一九七〇年暮れまで、六回の旅をした。そのたびごとに印象記まがいのものを「アサヒグラフ」に掲載したのだが、この本はそれをもとにまとめたものである。まとめるに当って新たに数枚の絵を加え、「東北湯治場旅」「北陸雪中旅」「四国おへんろ乱れ打ち」の写真をつげ義春のものにかえた。なお、全ての絵と「東北湯治場旅」の文章をつげ義春が、つげ以外の文章を大崎紀夫が、「下北半島村恋し旅」「篠栗札所日暮れ旅」「国東半島夢うつつ旅」の写真を北井一夫が担当した。

この本をまとめるまでに元アサヒグラフ編集部の中村豊、相沢啓三の両氏、それに朝日ソノラマ編集部の方々に大変お世話になった。深く感謝します。

つげ義春
大崎紀夫
北井一夫

（一九七一年刊初版時）

秋葉街道流れ旅

毎日、なんとなく眠たいのである。
一度、山の新緑でもみにいってみますか、ということになった。
天竜川は、南アルプスと中央アルプスのはざまを流れて、
太平洋にそそいでいる。
では、その天竜川をさかのぼっていってみよう、
なんとなくそう決まって三人で出かけていったのである。

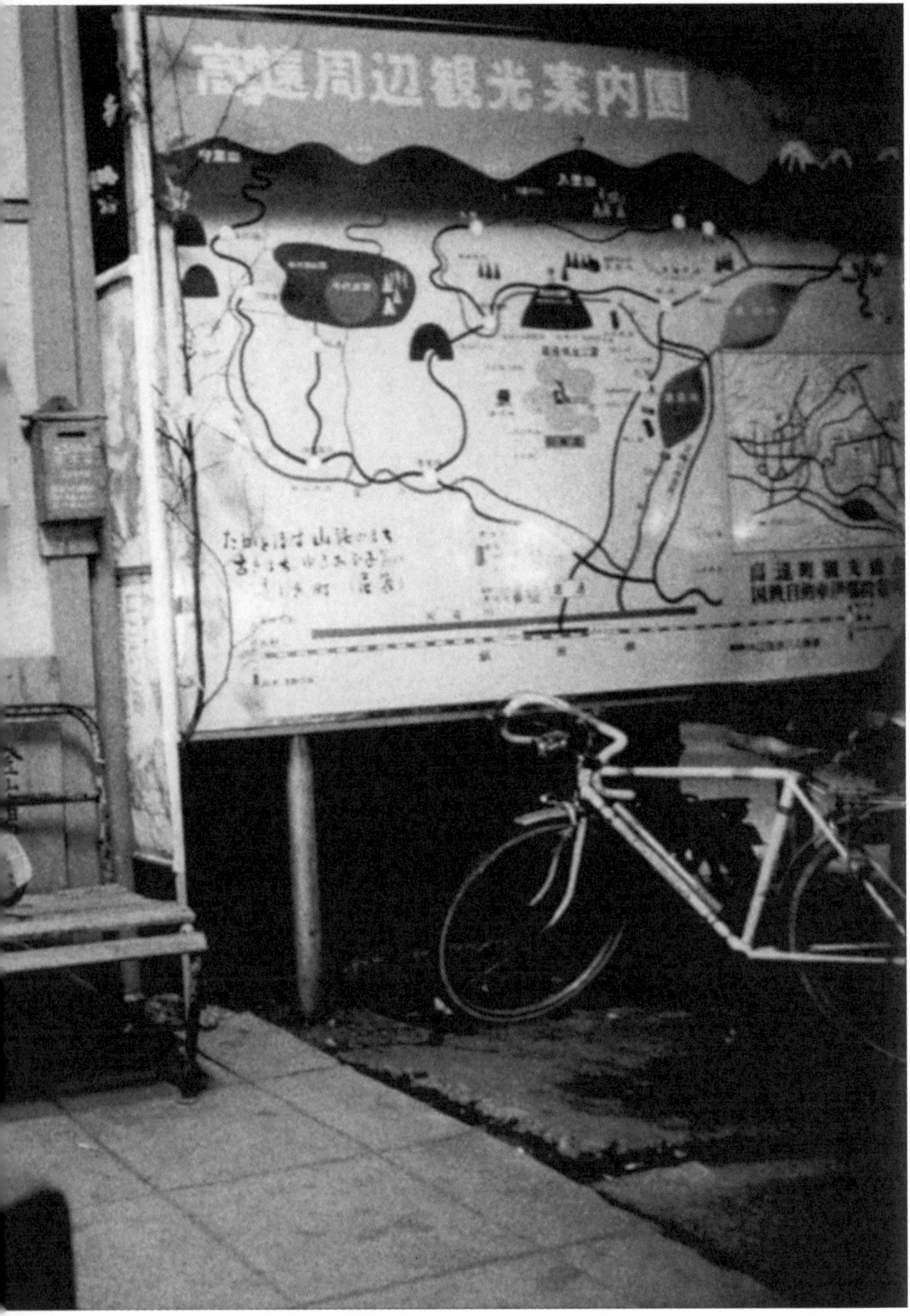
周辺観光案内図

高遠

1

小さい蜂がガラスにへばりついてブンブンやっている。電車の窓をあけてやると、出ていった蜂にかわってすずしい風が吹きこんできた。それで眠気がふきとんだのである。

——おばあちゃん、おばあちゃん。

背中の方の席で女がどなっている。みると、大きな風呂敷包みを抱いた若い女とおばあさんがあわてているのだ。どうやら居眠りをして、乗りこしてしまったらしい。

ポカポカと日の照る日。豊橋から各駅停車の電車に乗って、わたしたちは天竜峡、伊那谷の方に入っていった。のんびりした電車だった。ともかくやたらと小さな駅があって、チョコンチョコンと止まっていくのである。だから、ちょっと居眠りなどしようものなら、たちまち乗りこしてしまうという寸法なわけだ。

——この線は駅が多いですねえ。

検札にきた車掌にそういうと、

——昔の会社線をそのまま国鉄にしたものですから。豊橋から辰野までの営業キロ数は百九十六キロ、それで九十四の駅がありますからねえ、

というのである。

——佐久間はいくつ目くらいですか。

——さあて、三分の一くらいのとこかなあ。

その佐久間駅でわたしたちは降りてみた。ただなんとなく降りてみたのである。

閑散とした駅前。そして、坂道をのぼっていくと、ひとりのおじいさんが道端で木を切っていた。一本の桐の木を三十〜四十センチの長さに輪切りにしているのである。そばにある家のなかをのぞきこむと、下駄がいっぱい散らかっている。おじいさんは下駄屋なのだった。

——天竜杉は有名だが、この辺も桐は少なくなっての。

とおじいさんはいった。

花山半一というおじいさんで、六十四年間、そこで下駄作りをしているというのである。歳

は八十一歳だといった。

——豊橋の方に弟子にいったのが十六歳のときだったの。帰ってきてからずっとひとつ職をやってるのだから、バカでなけりゃ、こんなことはでけん。

そして、息子たちも孫たちもだれも下駄作りを継ぐ者がないが、それも仕様がない、というのである。そして、

——わしはもう高天ケ原が近い。

といって、わたしたちの前で体操を始めたのである。家のなかは下駄が散らかっているばかりで誰もいない。きくと、ここはわしの遊び場で、皆の家は別にあるんだ、といった。

さらに坂道をのぼっていくと、神社につきあたった。鳥居の前に古い木造の小屋があって、殿嶋座と書いてある。地芝居用の常設舞台なのだ。

近くの桑畑にいたおじさんの話では、その舞台で、昨年、地元の青年団員が歌舞伎を上演したという。しかし、舞台はかなり古くいたみもひどいので、近く解体することになっている、という話だった。

——この辺りには、あっちこっちたいてい舞台があったんですが、どこも芝居やんなくなっ

高遠

てますなあ。

と桑畑のおじさんはいった。神社の桜が散っていた。

――やる人が少なくなったわけですか。

――さあて。山の集落は人が減ってるが、この辺りは新しいダムができてどうにかもっているんだけどねえ。

――蚕はどうなんですか。

とわたしたちはきいてみた。谷あいには、結構桑畑が多いからだ。

――まあボチボチ。近ごろは茶を作る人が多くなったねえ。

とおじさんはいった。

その日は水窪《みさくぼ》に泊まった。信州街道（秋葉街道）ぞいの昔の宿場町で、そこの商人宿に泊まると、部屋に「心安寿自長」と書いた板切れが吊るしてあった。

――ま、そうですね。

そういって、わたしたちは、暮れゆく山の端をみながら酒を飲んだのである。

2

平岡から出るバスは、深い谷にもぐりこんでいった。秋葉街道沿いには小さな集落が点在していた。

そして、わたしたちは終点の上村というところで降りたのである。そこも昔の宿場で、いまも三軒の宿があった。街道ぞいの家並みのもつなつかしいやさしさ。道のわきの溝にはきれいな水が走っており、女が洗濯をしていた。

その上村に雑貨屋があった。「食事一般御休所」と表に板がぶらさがっている。で、店に入って、

――昼メシを食いたいのですが、
というと、

――まあ、どうぞ、どうぞ。

と奥の座敷のコタツにいた老人夫婦が立ちあがった。といって、食堂のテーブルらしいものはどこにもないのである。老人たちは、自分たちの座蒲団を裏返すと、どうぞこちらに上がっ

てくださいませ、といった。定食を頼むと、山菜に自家製の豆腐、それに焼いた川魚が出た。

――どこからおいでかな？

食事中、老人たちが話しかけてきた。

――ここまでおいでなら下栗に行かれたらいかがですかな、とおじいさんがいった。そこはな、昔、都を落ちられた公家さまが開いた集落でしてな、つい近ごろまでチョンマゲをゆっていたとこですしな。

――ほお。つい最近てのはいつごろですか。

――明治の終りころまででしたかな。

そして下栗の人たちは、とくに老人は雅びなことば遣いをするというのである。行ってみよう、という気になった。するとおばあさんの方が、

――ウサミさん、おいでるかな。下栗へのぼりたいというお人がおいでなのじゃがなあ。

などとあちこち電話をかけて車をさがしてくれたのだが、どこにも車がないのだった。歩いていけば一時間半はかかるというのである。

——では、下栗へ行く道の入口で待っとったらいいですな、きっとだれかくるから、とおじいさんがいった。下栗へ行ったなら井戸端という家を訪ねて、扇屋に紹介されたといってください。そこのオヤジさんはわたしの昔の教え子ですから泊めてくれます。

下栗集落への入口というのは、村の中学校のそばにあった。土曜日の午後で、校舎のなかはひっそりしていた。グラウンドでは、小学生から大人までが十何人か集まって野球をしていた。のんびりした春の午後。わたしたちはグラウンドの隅の石段に腰をおろし、うつらうつらしながら下栗へ行く車を待っていた。しかし、いくら待っても一台もこないのである。

結局、扇屋のおばあさんが地元の土建屋のオヤジに話をつけてくれ、カーステレオをガンガンならす車にゆられてわたしたちは下栗へ行ったのだった。

旅館四ツ目屋
河内屋商店

3

急斜面にかろうじてへばりついているかっこうで点在する家々。下栗は深いV字形の谷の斜面にある集落だった。海抜八百メートル、天に近い村なのである。谷底を流れる川は一筋、ほとんど真下にのぞまれ、谷の上手には雪をいただいた南アルプスの聖岳がせまっていた。

井戸端という家は、すぐわかった。訪ねていくと、なにやら宴会の最中だったが、わたしたちの姿をみると宴会の人たちはひっそりしてしまった。しかし、わたしたちが宿を求めてきた

者だとわかると、まあ、一緒にどうですか、というとことになって、わたしたちはたちまち上座に坐らされて宴会の客にされてしまったのであった。

――若い男は大歓迎だぞよ。

といわれて気がついたことには、人が三十人ばかりいる席に、男といったら三人くらいしかいないのだ。つぎつぎにさされる酒をのみほしながら、

――今日は何ですか、

ときくと、

――五月会の発会式なんですよ。

とそばにやってきた色黒のおばさんがいうのである。下栗にはおよそ八十戸の家があり、人口は約三百人だという。そこに若嫁会、婦人会というのは以前からあるのだが、五十歳以上の女の会がなかった。そこで集落の五十歳以上の女が集まって新しい会を発足させた、という話なのだ。男たちは、その発会式に招待された村の公民館館長とか郵便局長とかだった。

――ここの人はみなのんびりしてるからよ、ま、ゆっくりやんなよ。

膝を妙にぐいぐい押しつけてきながら、色黒のおばさんはそういった。

酒、そして大皿にもられたノビル、ワサビ、コンニャクの煮物、それに短冊に切った山芋がふんだんに目の前に並べられた。あとはもうにぎやかな歌の会だった。

〽とれたとれたよ
　繭がたんととれた
　富士の山ほどたんととれた
　　ハーヨサコイアバヨ
〽嫁さ稼げよ
　春蚕《はるこ》があがりゃ
　つれていきます天竜峡
　　ハーヨサコイアバヨ

こんな伊那節などを女たちは、果てしなく歌いついでいくのである。わたしたちは目がまわるほど酔っぱらってしまった。

夕方、わたしたちは宴席を抜けだし、外を歩

きにいった。そうそうと風が吹き、谷の空をトンビが飛んでいた。急勾配に開かれた緑の麦畑、菜の花、桃の花。

風に吹かれてわたしたちはジグザグの細道を下っていく。すると道は一軒の家の玄関につきあたるのである。玄関を入ると、猫の額のような前庭にぬけられる。するとまた、細道はその先へとつづいている。

——すみません、通してください。

——どうぞ、どうぞ。

そうして、わたしたちは何軒かの家を通りぬけたのだった。たいていの家で、玄関の奥の土間の片隅で牛を飼っていた。肉牛なのだそうである。

夜、わたしたちは宿の夫婦らと一緒にコタツで食事をしながら、下栗集落の話をきいた。食事のオカズは宴会の余りものだった。

——この谷のさらに奥に戸数二十戸の大野という集落がありましてな、と扇屋主人の教え子で自分もかつて学校の先生だったという野牧胤《のぶる》さんは話した。文治元年、つまりいまから七百九十年前ですな、平家の落人がその集落をひらいたという話です。その集落からだんだん下へひらけていったというわけですが、この下栗に車が通るようになったのは、三年前なのであります。

つまり、村の中央を通る秋葉街道に道が通じたのが三年前だ、という話なのだ。それ以前、集落の方では街道へ向かって道をじりじりと伸ばしていき、どうしようもないぎりぎりの地点と街道をケーブルで結んで、人や荷を行き来させてきたのである。

——実は、道が通じる以前にも集落には車が走っていたわけですが、どうやってその車をこちら側に運んだかといいますと、分解してケーブルで運び、こちらでまた組み立てたという次第ですな。こちら側の最初の交通手段は耕運機でした。つぎにウチの息子が小型自動車を入れたわけですな。

そして、いまは八十戸の集落には四十八台の車があるそうだ。

4

ところでさて、コタツには野牧夫婦のほかにもうひとりの男がいた。四十すぎくらいであろうか、ときどき「ウッウッ」と声をしぼり出すだけで、ひたすら宴会で残った黄粉ボタモチを食っているのである。

——この人はね、とおばさんがいった。口がきけないんですよ、身内の人の家は飯田市の在にあるんですけど、こうして下栗にやってきて、あちこちの家の雑用をして暮しているのですよ。

——この人の全財産はね、風呂敷包みひとつなんですよ。

と野牧胤さんはいった。

野牧さん方では畑仕事、それに植林の下刈りをしているのだそうだ。

そんな話をきいていると、男は「ウッウッ」と声を出し、ニカッと笑った。話題が自分のこ

とであるとわかったらしいのである。そして男はニカニカ笑いながら、わたしたちのタバコを一本とった。

——あれ、この人は十年ぶりにタバコを吸うよ。

とおばさんがいった。

おだやかな海がひろがっている。弓なりにのびている砂浜。その砂浜に坐って〈私〉はぼんやりしている。少し離れたところでは母親がゴザの上で食事をしている。けだるい沈黙の昼間。そこにひとつの情報がもたらされてくる。人間は死なないことになった、という情報である。ばかな！　と〈私〉はどなる。殺すべき奴をまだ殺してないのに！

明け方、そうどなったところで目がさめた。

二階から降りていくと、野牧夫妻と昨日の男はもうコタツに入っていた。そして、わたしたちが食事を始めるころ、男は玄関で長靴をはき、「ウッウッ」と声を出しながら外に出ていった。荷物は、全財産が入っているという風呂敷包みひとつである。

——今日は雨になるから、仕事になるまい。

男をみながらそう野牧さんがいった。

そしてその朝、公民館館長が下に降りるというので、同乗させてもらってわたしたちはバス停のある街道まで出た。そのお礼は千円である。

——一人で乗せてもらっても千円、三人で乗せてもらっても千円。いつのまにかそういう決まりになったのです。すみませんけど、千円お札を出してください。

そう井戸端のおばさんにいわれていたのである。

5

その日、わたしたちは上村の北側の、山ひとつ向うにある大鹿村にいった。やはり山奥の秋葉街道ぞいの村である。

そこに鉱泉宿があった。その宿でわたしたちは、雨のため外に出る気をなくして、花札ばかりやっていた。雨にたたられたのか、花札の方もやたらと雨流れになった。

翌日は晴れた。泡だつ緑。なつかしいほどさわやかな風。キラキラした光の底に点在する家々。谷あいの道を歩いていくと、山腹の梅の花の下で小さな畑を耕しているおばさんがいた。みると、イモをうえているのである。

——何のイモですか、

ときくと、

——ニドイモです。

という。よくみるとジャガイモである。

——年に二度とれるのです、とおばさんはいった。それで二度イモというのであります。町ではジャガイモともいってますね。

山の畑は小さい畑である。それでも、野菜は

下栗

何でも作っているでの、田んぼもある、とおばさんはいった。そしてその田というのは、まさに猫の額ほどのものが川原にあるだけなのである。

その近くの民家の玄関口には魔除けの札が貼ってあった。その札には、肋骨をあらわにし、角をはやした、手足は猿に似ている全身まっ黒の魔ものか神か、ともかく恐ろしいものの絵がかいてあったが、その絵にわたしたちはいいしれぬなつかしさを感じたのだった。そうした民俗信仰のひろがりの奥には、冥《くら》い民衆の悲惨が常にうずくまっているものだが、それはそれとしてやはり一方で、わたしたちの暮しから魔ものは確実に死滅しつつあるように思えるのだ。魔の滅びがいわゆる近代化だとしたら、わたしたちの暮しのひろがりの貧血化をそこにみるしかないだろう、そんな感じがするのである。少なくとも、恐ろしいものの姿を描き出したわたしたちの想像力と暗い夢を近代化のなかで風化させてはならないはずだ。暗い夢を組織すること。

村の中心の集落におりていくと、商店の人が、ガラス戸に貼ったポスターをはがしているところだった。そのポスターをチラとみて、わたしたちは、二日前にその集落で地芝居があったことを知った。「舞台復元修復記念芝居」という文字がみえたのである。

そして、同じ村の大河原という集落にも風雨にさらされたままながら回舞台つきの立派な舞台があった。昔は、地芝居の相当盛んなところだったのだろう。

——この辺では芝居が盛んですか。

コーラを飲みに入った商店で、わたしたちは若い嫁さんにきいてみた。

——そうねえ、去年の夏だったかしら、一度あったけどねえ。

と嫁さんは気のない返事をした。

滅びゆくものをよみがえらそうとする心と滅びに無関心な心と。魔の滅びは、また山奥の農民のかぶく心の滅びなのだろうか。

6

秋葉街道は高遠の町あたりで終わるのだろうか。高遠に着いたわたしたちは、高遠城址の桜見物にでかけたのである。千数百本の小彼岸桜がいっせいに咲きほこっているさまは、あるいは花びらが舞い落ちているさまは、すばらしいものだった。花びらの流れのひろがりのなかで、わたしたちは何かを侵され、わたしたちの何かがまちがいなく狂うのである。

――桜の花がはかなく散るのを人の命のはかなさに結びつける考えなりイメージなりがあるけど、とわたしはいった、それは観念的すぎますね、むしろ桜の花そのものがわれわれの内部に泡立たせるエロチックな想いのようなものが、同時に死の想いをはらんでいるというべきでしょうね。

――そうですね。

とつげ義春がいった。

翌日、わたしたちは伊那市の郊外の鉱泉に

行ってみた。道々、雨のなかで桜が散っていた。だが、せっかく行ってみた鉱泉宿は山のなかのまったくの一軒屋で余りに寂しそうなのだ。で、すぐ引返してしまったのだが、その帰り道、小さな集落を通ると、雨雲から鋭くもれた光がちょうど咲きほこる年老いた桜の木にそそがれているところだった。桜の木はまるごとキラキラと輝き、そしてそのとき、わたしたちは絢爛《けんらん》たる花の死をみた、と思った。

雨雲は流れていき、しばらくすると、雲間をもれる日射しは今度は伊那の街をキラキラと包んでいるのがみえた。

7

わたしたちは伊那市の郊外を歩いていた。すると、羽広《はびろ》という集落で鎮守様の祭りにぶつかったのである。

山の麓に二本の幟《のぼり》がはためいていて、行ってみると、出店が四軒出ているのだった。羽広神社の例祭だ、といわれたが、要するに五穀豊穣を祈願する春祭りなのである。人影のまばらな、わびしい祭りだった。神社までの畑道の両わきには、祭りのちょうちんが飾られていて、ゆらゆらゆれていた。

――夕方から近くの公民館で青年団の芝居があるからよ、みていけよ。伊那の勘太郎をやるからよ。

人家の点在する村のなかをぶらぶら歩いていくと、リンゴ畑でつぎ木をしている青年がいて、わたしたちにそういった。ちょうど昼ごろなのである。芝居見物は残念ながら出来そうにありませんね、というと、

――じゃ、この辺でいちばん大きい家があるから見に行ってみろ、

という。

で、わたしたちはその家に行ってみたのである。母屋も蔵も石置き屋根の、たしかに大きな家だった。

――今日は、家をみせてもらいにきました。

と、適当なことをいって庭に入っていくと、

伊藤博文のようなアゴヒゲをたくわえたおじいさんが出てきて、

――どこできいてきましたかの、

という。

――畑にいた若い人からです。

というと、

――ああ、あれはウチの息子ですよ。

という。

そして、いいところにきてくれた、とおじいさんはいった。きくと、石置き屋根は松皮ぶきで、しょっ中ふきかえねばならぬので面倒くさくて仕方ない、で、明日あたりからカワラにかえようと思っていたところなのだ、というのである。

――この家は、わしが七つのときに建った。

そしてこの家は七十三年経った。

とおじいさんはいった。とすると、おじいさんは八十歳なのである。

そしておじいさんは、不意の客に茶菓子を出し、祭りのためにつくった赤飯、寿司まで出してくれたのだ。

日当りのいい廊下には大きなシイタケが干してあった。

――大きいですね。

そうわたしたちがいうと、

――立派なもんでしょう。

と、おじいさんは答えた。

上村

最上川、里の渡し舟

春の気配があたりにみちはじめるころ、
まだ雪のある東北にでも出かけてみましょうか、
ということになった。
最上川にそって歩けば、渡し舟もみられるし、
温泉にも入れるし、まあ文句ありませんね、ということで
早春の最上川ぞいを歩きにいったのである。

戸沢村・相沢の渡し

1

ゆったりと流れている雲がきれて日がさすと、あたりがパアッと明るくなり、さすがに春の日射しを感じさせるのだった。

道の両側にはまだ雪が一メートルほどつもっている。だが、ザラザラで汚れていて、もう古い雪なのである。家々の軒をみると、雪どけ水がひっきりなしにしたたっている。

――あとひと月くれえで、すっかり冬をふっきって、梅も桜もどさっと咲くだねえ。

とおじさんがいった。

山形県の朝日町は、そのまん中を最上川がよぎって流れる山のなかの町である。その町はずれの船渡という集落を歩いていて、わたしたちは、雪の斜面を登りおりして道端に薪のようなものを積みあげている中年の夫婦に出会ったのだった。

二人は、家の裏手のまだ二メートルも三メートルもつもっている雪を掘って、そこから薪のようなものを運び出しているのだった。

――これは何ですか。

ときくと、

――椎茸とる榾木《ほだぎ》だよ。これから水漬けすっとこだ。

とおばさんがいった。

――おととしの春に菌ブッし、ふた夏すごした榾木でな、三昼夜の水漬けをしたあと、次にでっけえ電熱器で三昼夜あっためると椎茸が出てくるだよ。で、それから四～五日するともう採れるだね。

おじさんはそういった。菌ブッとは、椎茸菌を木にうえこむことだそうだ。

――菌をブッとはおもしろいですねえ。

と感心すると、

――本当に木槌でぶち込むんだから。

とおばさんはいうのである。

――この辺は椎茸作りが盛んなんですか。

――いいや、一集落でやってるのは二～三人だねえ。

用集落

その近くの雪のなかに小さな板切れが立っていた。みると「用《よう》渡船場」とある。そこで細い雪道をたどって最上川の岸に出ると、向う岸に渡し舟がみえた。こちら岸はというと、岸の斜面にはえている木の根っこがむきだしになっていて、そこにブザーのボタンがとりつけてある。それを押すと案の上、向う岸に人が現われて舟をこちら岸に渡してきたのである。まだ二十代の若い船頭だった。

——あなたが船頭さんですか。

ときくと、

——そうじゃねえんです。今日は日曜だから船頭は休みで、代わりなんだよな。

というのである。

そこにちょうど郵便屋さんがやってきた。郵便屋さんは毎日一回、渡しに乗って対岸の大江町用集落に配達に行くのである。用集落は三十二戸だそうだ。

——それでも毎日、配達するのですか。

とたずねると、

——ここは出稼ぎが多いんだね。だからさ、手紙や金をしょっちゅう送ってくるんだね。というのである。

川幅は七十メートルぐらいだったろうか、舟が岸に着くと、郵便屋さんはさっさと雪の坂道をかけのぼり、集落のなかに消えてしまった。

渡し賃は無料とのことだった。渡しは町営で、船頭さんは町の職員なのだそうである。だから、日曜祭日は休みをとるので、そんな日は集落の各戸がまわりもちで人を出し、臨時の船頭を務めるという話なのだ。

——でよ、おれが今日はウチから出ることになってよ、遊びにも行けねえんですよ。

そういって、若者は岸のすぐ近くに建っている小屋に入ってしまった。その小屋というのは、建坪一坪ほどの、人が三人も入ればいっぱいになってしまうようなトタン屋根の掘立て小屋だった。土間のまん中に薪をくべたストーブが置いてあり、そして窓もなく電燈もついていないから、戸を閉めると中はまっ暗になってしまうのだ。で、若者は戸を半開きにして、中で

用集落

トランジスタラジオを抱いて坐っているのである。

集落は静かだった。子どもが道で遊んでいる以外はほとんど人影がない。ぶらぶらと集落の道を歩いていくと、郵便屋さんがやってきて、

――あそこで雪おろしをしてる人が船頭だよ。

とおしえてくれた。

用集落の船頭・渡辺政志さんは、自分の家のワラ屋根にのっていた。

――もう長い間、こっちさ住まねえで、渡船場の方の町営住宅にいるのでね、こんなに雪がつもっちまってね。

そういいながら、汗をふきふきハシゴをおりてきた。その渡辺さんの話では、月給はおよそ九万円、渡しの時間は朝六時半から午後七時までで、冬場は朝早いのがこたえるだよ、といった。

――でも、あと二年すっと橋ができるからよ、それまでなんだ。

そういいながら渡辺さんは、わたしたちに背を向けてジャージャーと雪に小便をしたのである。

――で、これまで事故なんかは？

――一度もねえ。

――集落の人でなくて、なじみの客なんてのはいますか。

――そうさねえ、郵便屋と富山の薬売りかなあ。富山の薬売りはね、春んなって雪がとけるとやってきて、雪がふるめえの秋にまたやってくるだね。年二回よ。

わたしたちはさらに集落のなかをぶらついた。道のわきの溝を雪どけ水があふれるように流れている。すると一軒のワラぶき屋根の農家からおばさんが出てきて、

――お茶でも飲んでいきなさい。

というので、わたしたちはお茶のごちそうになることにしたのである。

土間に入ると、いかにも古い家だということがわかった。まっ黒に煤けた天井、黒光りする

柱。三百五十年の家だという。そしていま、その家にいるのはおばさんと娘一人なのだというのである。

——トウチャンは東京の方へ稼ぎに行ってるだよ。

というので、

——そりゃ、淋しいことですね。

というと、

——本当によ、トウチャンいねえと淋しくって仕方ねえだよ。

とおばさんは笑うのである。ほっぺたのうっすら赤い、若々しいおばさんだ。子どもは娘四人いるが、三人はすでに嫁に行き、あと一人残っているのだという。

——それでは、いい婿さんがみつかるといいですね。

というと、

——でも、まだ小学五年生だから。

とすましているのである。

——そんでよ、ウチは娘ばっか生まれたもんだから、トウチャンがっかりしてね。オレは一等の種だけんど、カアチャンは開墾地だから女ばっか生まれるんだぞ、といわれたもんだ。

そんなことをいいながら、おばさんはどしどしお茶をついでくれるのである。そして、漬物と自家製のほし柿を山盛りに出してくれたが、黒ぐろとしたほし柿は実にうまいものだった。帰りがけにわたしたちは、そのほし柿をたくさんおみやげにもらったのだが、それにしても、わたしたちの興味をそそったのは、その家の風呂場だった。イロリのすぐそばに風呂桶が置いてあるのである。高さ一メートルばかりの小さな衝立がそのそばにあるだけなので、玄関を入ってきた人は、あるいは炉端に坐っている人はほとんどもろに風呂に入る人をみることができるわけだ。

——嫁にきたときはよお、みんなが見にきて恥ずかしくって仕方なかったよ。

——ははあ、からかいにきたんですね。

——んだ。

と斉藤ヤスエさんはいった。
——でも、イロリの火種をすぐ移せるし、家の中で風呂炊きができて楽でしょ。
——んだ。

2

寒河江《さがえ》市から山形市にぬけたわたしたちは、山形駅から鈍行に乗って北上し、芦沢という小さな駅でおりた。そのあたりで最上川はしきりと蛇行していて、周囲をほとんど川に囲まれたようになっている集落の名が地図の上にあったからである。毒沢、そして西畑。

駅員にたずねると、毒沢には近ごろ橋ができたが、西畑の方はまだ渡し舟で渡らないと行けないという。それでは西畑の方に行ってみたいというと、駅員は親切に道順をおしえてくれた。その道順というのは、まず最上川の土手に出、そこをずっと下の方へ歩いて行け、というのである。

そこで、わたしたちはその通りに歩いていった。土手はまだ四十〜五十センチの雪でおおわれ、ひどく難儀な道だった。その土手を二キロも歩くと、こちら岸にプレハブ風の船小屋があり、向う岸に舟がみえた。

早速、小屋に入ると、スイッチがみつかった。それを押すと対岸からベルの鳴っている音がきこえてくる。風のなかを、百メートルもあるこちら岸まできこえてくるのだから相当に大きな音である。集落中にきこえているにちがいない。

そうしてわたしたちは岸に立って待っていたのである。日はすでに暮れようとしていた。さむざむとした土手の雪、空で鳴る風。だが、待てどくらせどだれも岸にあらわれないのである。そこでもう一度、少ししつこいと思われるほどベルを鳴らしてみたが、結果は同じだった。戻るしかないのである。

そして、同じ道を戻るのは何ともいやなものだというわけで、舟着場から土手を越えてまっすぐの方にある森に向かって歩いていったのだが、こっちの道はもっとひどいものだった。カンジキでもはいて歩くのならともかく、やたらめったらズブズブと太ももあたりまでもぐってしまうのだ。そんな雪道が二キロ以上もつづき、鷹ノ巣という集落にやっとたどりついたときにはもうあたりは暗くなっていた。

——バスはありますか。

店でジュースを飲みながら、おばさんにきくと、

——さっき出たからもう今日はないだよ。

というのである。日に何本かのバスが大石田まで出ているのだが、午後五時ごろにはもう終バスになってしまうのだそうだ。で、町からよんでもらったタクシーを待って店の前でぶらぶらしていると、買いものにきたおばさんが話しかけてきたのである。

——あんたら東京の方からきたんなら、日暮《にっぽ》里《り》や鶯谷を知ってるだかね。

——知ってますよ、とわたしが答えた。七年もあの辺にいましたからね。

銀山温泉・永沢屋のおばあさん

——鶯谷の駅の近くに、下が食堂で二階がアパートになってるとこあるでしょうが。

——さあて、思いだしませんねえ。

——あたしはそのアパートにいたんですよ。そんでね、その下の店によくくる客がいてね、そいつと一緒になったら、こんな遠くまでくることになっちゃったのよ。

——で、鶯谷にいたのはいつごろですか。

——終戦後すぐのころよ。もうこっちきてから三十年たつものねえ。

そして、おばさんの娘が今度は東京へ嫁に行くことになったのだそうである。

わたしたちが行けなかった西畑集落についてたずねると、

——あそこは十軒くらいあってね、戦後、満州の方から引揚げてきた人なんかが開拓で入って、そんで住んでるだよ。

と余り関心なさそうに答えた。

3

その日の夜、尾花沢市の山の奥にある銀山温泉に行った。小さな川をはさんで木造三階建ての旅館がならぶ湯治場である。そこの永沢屋という宿がいかにもなつかしい感じがして、わたしたちはその宿に泊ることにした。

そしてわたしたちが夕食を食っていると、

——いまごろ、わざわざようこそいらっしゃいましたなあ。

と宿のおばあさんが挨拶に顔をみせた。まるまる太った、血色のいい、善良そうなおばあさんだ。

——いまごろは湯治客は少ないんですか。

ときくと、

——はあい。もうじきするとやってきて、夏のころは予約でいっぱいになります。

という。

そのおばあさんの話で何となく記憶に残ったのは、いまの宿は昭和の始めのころ建てたのだが、観光客用のため、近ごろ小部屋をつくるための改修を一部しなければならなかった、といった話である。

——湯治にくるお客さんは、大きな部屋で、相部屋であっても、のんびりしてるんだけどねえ。

とおばあさんはいうのである。おばあさんは七十すぎだそうだ。

——尾花沢の町からここに嫁にきて、五十年たったなあ。毎年毎年、湯治にくるお客さんと仲よくやっとるうちに年とってしまったのだねえ。

そして、そういう人生もまたあるべき人生なのじゃないかねえ、とわたしたちはあとで話しあったのである。生まれ、生き、死ぬ、そのことに何の文句があるものか。

その夜、夢をみた。

おだやかに晴れた昼間である。ひろびろとした川原に一枚のゴザを敷いて老婆が食事をしている。そのすぐそばには一本の梅の木があっ

て、いまを盛りと咲きほこっている。〈私〉がその老婆の方に近づいていくと、老婆は何と〈私〉の〈母〉で、食事をしながら「ナンマンダブ、ナンマンダブ」といっているのである。一体、何をしているのだ、とたずねると「あたしは知りあいがいっぱいくるのをここで待ってるのだよ。お前は父チャンの記憶をたどっていっておくれ」というのである。

　そこで目がさめた。宿のなかはひっそりとし、外で雪どけ水のしたたる音がきこえた。そのときわたしはふと、中有《ちゅうう》のひろがりを夢にみたのだろうか、と思ったのだった。そしてどういうわけか、

　となふれば仏もわれもなかりけり南無阿弥陀

仏なむあみだ仏

という一遍の歌を思い出したのである。

4

銀山温泉から尾花沢までバスはいくつかの集落を通りすぎていく。遠くにみえる山なみはなんとなくやさしさをおび、もう芽ぶきはじめているのだろう。雪のなかにたつ木々もやわらいでいる。

バスの客はどういうわけか、わたしたち以外は、おばさんたちと幼児だけだった。そして乗りこんでくるおばさんたちのスタイルはみな同じなのだ。頭からすっぽり布きれをかぶり、肩掛けをし、綿入れの厚手の上着を着、スラックスをはき、長グツをはいているのである。ある集落で、やはりそんなスタイルのおばさんが大きな買物袋をもって乗りこんできた。

――じゃあ、いってくっから。

と窓の外に手を振っている。外ではおじいさんと小さな女の子が、手を振って笑っている。

おばさんは座席に坐ると、すぐそばの、知りあいらしいおばさんとすぐにぎやかに話を始めたが、どうやらトウチャンが出稼ぎから戻ってくるらしいのである。大石田の駅まで迎えに出ていくらしい。

新庄に出たわたしたちは、そこからぶらっと鮭川村にいってみた。日下というところでバスを降り、ぶらぶら村の道を歩いていくと、果してわたしたちは川に出会ったのである。

――鮭川というのは鮭がとれるからですか。

と村の人にきくと、

――んだ。秋には結構とれるんだよ。

という。

向居という集落にいくと、そこにも渡し舟があった。米《よね》の渡しというのだそうだ。対岸の集落の名が米なのである。

そして船頭は、岸にいないで家にいた。その家に入っていくと、おじいさんがコタツにもぐってダーグー寝ているのである。

――ごめんください。

というと、むっくり起きあがって出てきて、何もきかずおもむろに、

——やあ、さあ、あがんなさい。

というのである。

で、こちらも遠慮なく座敷にあがりこんでしまった。よくみると、おじいさんは昼間から酔っぱらっているのだった。

——おじいさんが船頭さんですか。

ときくと、

——いいや、オレじゃあねえ、という。カアチャンが船頭やってるだよ。

そこに奥さんが茶盆をもって出てきた。

——今日は渡しは休みでな、という。ことしは雪がやっこいんで、いつもより雪どけが早くきたんだ。

川の水が増え、流れが早く危険なので休みなのだというのである。

——今日は、んだから、ブルが出て、山道の雪をどけている。そっからしか米の人は外に出られねえから。

と奥さんはいった。

横山喜三郎さんは六十八歳、つるよさんは五十七歳の夫婦だった。つるよさんは、すでに十何年かそこで船頭をやっているという。

——人間、陽気に生きてくしかねえ。いろいろしてえことあっても、ひとつことしかできねえしな。

と喜三郎さんは、ロレツのまわらない舌でいうのである。渡しは村営で、つるよさんの月給はおよそ五万円だそうだ。

——ところで、向う岸の米集落は何軒ですか。

ときくと、

——十軒だ。

と喜三郎さん。

——いや、十軒じゃきかねえ。十三軒だ。

とつるよさん。

わたしたちは、十軒できかなければ、二十軒くらいじゃないかと思ったのだった。

その日は肘折温泉に泊った。新庄からバスで

一時間ちょっとの山奥にある温泉で、途中から小型バスに乗りかえて入っていくのである。ひと昔前は旅館のほとんどがかやぶき屋根だったとか。いまはそんな宿は一軒もないが、それでもひなびた感じのする温泉だった。やはり湯治場であるらしく、道端の電柱には、

「朝売りの皆さんえ、余り早くからさわがれますと迷惑ですので朝六時から出す様にして下さい　肘折温泉旅館組合　肘折駐在所」

と書いた板切れが吊るしてあった。いまはひっそりとしていたが、夏ごろには自炊の湯治客や近郷近在からやってくる物売りでにぎやかになるにちがいない。

いい湯だった。朝になると、部屋に饅頭売りのおばさんがやってきた。そのおばさんの話では、春になると近くの里から蛇売りのカアチャンがやってくるのだとか。

——乾燥した蛇をね、何十本もタキギの束のように持ってきてよ。宿のお客さんに売って歩くだよ。その蛇を粉にして飲むと、元気がつくだよな。

——で、そういうものはいくらするんですか。

——マムシが二千円、シマヘビが千円くれえかな。ま、マムシの方が余計元気つくから高いのは仕方ねえ。あと、一升ビンに生きたマムシを入れて持ってくるよ。焼酎に入れたりしてマムシ酒をつくるんだね。

——売れますか、よく。

——そりゃあ、よく売れるよ。

5

陸羽西線の古口で降りたわたしたちは、近所で白タクをやとい、川ぞいの国道を下っていった。最上川下りは冬場もやっていて、雪見船と称しているときいて、ひとつオツな船下りでもしてみようかということだったのだが、予約者でないと乗せないといわれ、白タクにきりかえたのである。ミゾレが降りだしていた。風もはげしかった。が、それだけに景色には妖しいき

びしさがあった。茶色ににごった最上川の水ははやかった。

途中、対岸に人気のない集落をみた。沓喰《くつはみ》、外川、柏沢。

——沓喰はね、六〜七軒あったかなあ、全部の家が二〜三年前に古口の方に移転して、いまは無人なんですよ。

人の良さそうな若い運転手がそう説明してくれた。結局、不便なのと食えないのが理由だという。外川の方でも何軒か移転したそうだ。

——外川の小、中学生は、冬の間は寄宿舎に入ってるんですよ。

その対岸の外川集落の岸には、いくつかのササ舟がひっそりとうずくまっていた。たいていは自家用の渡し舟なのだという。

——こんな日は自分の舟で渡るしかねえんですよ。

と運転手はいう。柏沢では、ものは試しと、対岸に向かって大声で呼んでみたが、風にながされて届かないのかどうか、だれも姿をみせないのである。

その日は、清川駅前に旅館がただ一軒あると

柏沢集落

きいて、そこに泊ることにした。

——今日は何の支度もないし、夕食は外で食べてきてくれますか。

日が暮れてからその宿に着くと、宿のおばさんがそういうので、そのままわたしたちは、寒さのなかを町はずれの食堂まで出かけたのである。

——あんたたち、どこからきたのかねえ。

食事をしていると店の女主人がきいた。そしてどこへ行くのか、という。

——柏沢へ行って渡しの写真を撮りたいと思ってるんですけど。

というと、

——じゃ、これから柏沢の村会議員に舟を出すように電話しとくからね、明日の朝になったら行ってみな。

という。酒を飲みに集まっていた男たちは、

——斉藤ゲンイチが全国区に立ったら、入れてくれよな。

といった。どうやらその村会議員は斉藤ゲンイチという人であるらしい。

わたしたちは暗い夜道を駅前の矢口旅館に帰っていった。そして部屋に通されておどろいた。犬養木堂《いぬかいぼくどう》の書やハガキが飾ってあるのである。それで宿のおかみさんにたずねると、

——先代の矢口藤波が犬養先生の知人だったのです。

という。

——ウチは代々旅館業をやってきてるのですが、この清川に文明開化をもたらしたのは先々代なんです。ステッキや時計やランプなどを東京の三越で買ってもってきたのです。先代藤波は、そういう文化のなかで育ったので、商売の方には見向きもしないで、小説を書いたり政治家とつきあったりしてたのです。

きくと、清川は幕末にその名を知られた清河八郎の出身地だという。あるいはそんなことが矢口父子に何らかの刺激を与え、地方の〝文化人〟を生んだのかもしれないなあ、などと話しながら、わたしたちは風呂に入ったのである。

6

翌朝、わたしたちは柏沢入口でバスをおりた。すると、向う岸からすぐ船外機をつけたササ舟がやってきて、わたしたちを乗せてくれた。

川幅は百メートルを越え、中ほどの流れはかなり急だった。手こぎの舟だったら相当流されるだろう。舟が対岸に着くと、そこに村会議員の斉藤源一さんが待っていた。

——やあ、どうぞどうぞ。

といわれたが、申しわけないことにこちらは大した用もないのである。

渡しについて話をきくと、船頭は集落の人が一日交代で担当し、対岸を通るバスの時刻にあわせて一日五〜六回往き来しているという。最初の舟は朝の六時半で、これには酒田方面の学校に行く高校生が乗るのだそうだ。

この渡しでは、五年前の春に大きな事故が起きている。集落の小学生八人だかと引率の先生二人を乗せた舟が転覆し、生徒たちを助けたあと二人の先生は、力つきて雪どけ水にのみこまれてしまったというのである。

——その先生の死体がなかなかあがんなくてな、と斉藤さんはいった。一人は清川の下であがったんだが、もう一人の先生の方は二カ月後に酒田のあたりであがったな。

柏沢の集落は十七戸だそうである。厳密には戸沢村柏沢は十一戸で、西側の六戸は松山町柏谷沢だそうだ。みな農家で、平均一町三反の田をもっている。ここには古口小学校柏沢分校があり、集落の小学生はみなここに通っているのである。

斉藤さんのあとについて分校にいってみると、廊下には渡しに乗るときの救命具が備えつけてあった。先生は二人、生徒は全部で九人だった。

——四月に新入生が二人きますけど、目下のところは一年生ゼロ、そして六年生ゼロです。と二十五歳の大類豊太郎先生はいった。

——二、三年生は大類さん、四、五年生はぼくが受けもってますけど、もう朝から夕方まで勉強したり遊んだりで、先生になったり兄貴分になったりでして……。

と三十五歳の門脇勝治先生。

集落の裏手の方でブルドーザーの音がした。行ってみると、ブルドーザーが除雪をし、六〜七人のカアチャンたちが道路工事をしているのだった。

——こちらの山側を通って清川までぬける自動車道ができるんですよ。歩きでも一時間で清川駅まで出られるようになるわけだね。でもね、この道ができると渡し舟に対する村の補助が打ちきられるんで、集落としてはいまそっちの存続を要求しているとこですがね。油代として一日五百円の補助が出てるんですよ。

と斉藤さんはいうのである。

集落の裏手は雪野原だった。その向うに早い春の山なみがひろがっている。その雪野原をソリで何か運んでいるおばさんと娘さんがみえた。行ってみると、十メートルおきくらいに四角の雪の穴を掘り、そこに堆肥をつめているのである。

——この雪の下は何ですか。

とたずねると、

——田んぼよ。

と十八〜十九歳の娘さんがいった。

——雪がとけると田んぼ仕事がすぐはじまる

鮭川村・米の渡し

だよね。

とおばさん。

雪の穴をのぞきこんでみると、深さ一メートルほど下には黒い土がみえた。そのおばさんと娘さんがカラになったソリを引いて堆肥を積み込みに行くのについていくと、近くに蔵があって、その軒下には竹製のウケが二十ばかり吊りさがっていた。

——これで何をとるんですか。

ときくと、

——川ガニだ。

とおばさんはいった。

あたりの木々をみると、根元のまわりの雪はすでに消えてぽっかり穴になっているのである。モモの木のツボミももうかなり大きくなっている。あたりはキラキラとまぶしく、根開きの季節が始まっていたのである。

——お茶を飲んでけや。

遠くで斉藤さんがよんだ。

放談会
流れ雲旅余聞

つげ義春
大崎紀夫
北井一夫
藤原マキ
近藤承神子《たかし》
（「るうじん」編集人）

1

近藤　つげさんの写真はいつ頃出来上りますか。

北井　二十日、いやもう二、三日延ばしてもいいですか。その頃ちょっと忙しいのです。

近藤　つげさんの顔は変らないですね。

大崎　最初に会った時と比べると、随分明るくなったことは確かですね。あの頃は死ぬのどうのと言ってね。最近ついに死ぬ事は諦めたらしい。

近藤　大崎さんがつげさんと会ったのは「紅い花」の頃でしたか。

大崎　ええ、〈アサヒグラフ〉が劇画特集というのをやりましてね、劇画というのが流行しているが劇画とはなんだ——というようなテーマでしたか、取材に行った訳ですけれどその時の原稿はズタズタに切られました。

一緒の旅行は六九年の、まだ雪が残ってましたから二月でしたか、越後湯沢と湯宿が始まりでした。それにはまだ北井は組んでいなかったですが、いいところでしてねえ。あの時は一泊だったです。降りる筈の駅を急行に乗ったために通りこしてしまい、ビックリしましたけれど、それで面倒だからやめようということで帰ってきてしまいました。

それからまた取材で「ねじ式」の出たあと会ってますね。その時自分はニュージーランドへ夏のスキー取材に行き、帰ってくるとすぐにつげさんから電話があって、夏油温泉へ出かけたがとても良かったというのです。自分としてもニュージーランドの三週間でうんざりしていた時だったので、また行きましょう、いいですよ、と話がまとまって翌日飛行機のキップをとって出かけたのです。夏油、それから蒸ノ湯、今神温泉、瀬見温泉を回って帰ってきました。北井との三人組はこれがそもそもの始まりですね。その時はつげさんが原稿も書いて、それはとてもいい原稿だったのですが、本人は原稿書くのが死ぬ苦しみだ、もういやだ、絵だけなら旅行に行ってもよいというので、まあそれでもいいからということで次に北陸へ行きました。

近藤　つげさんの文章は淡々としていて、とても死ぬ苦しみから生れたものとは思えませんね。

大崎　当人は見た眼に最も適切な形容詞を捜したりしてすごく苦しむらしい。

北井　あの人はリアリティを重んじるから、それで苦しむのだよ。

大崎　そうね、つげさんの基幹はリアリズムですよ。どうあのマンガがリアリズムから遠去かって見えようとね。

近藤　随分旅行はしていたようでしたね。

大崎　伊豆、千葉、二岐《ふたまた》、湯宿、宿屋の様子はみんなそっくりですよ。だからリアリズムだというのではないですよ。関係ないですが「ゲンセンカン主人」、「ほんやら洞のべんさん」もそうですが、そっくりです。

近藤　スケッチするのですか。

大崎　つげさんは、スケッチをあまりしないね。大抵カメラでしょう。

近藤　カメラはなんですか。

大崎　あれはなんだっけ。

北井　キヤノンPとニコマートだったかな。

（つげ義春夫妻来席）

大崎　つげさんはここのところヒマになったんですか。

つげ　ええまあ――。

大崎　家で寝ころがっているんですか。

つげ　いや、ストーリーを考えていたり――。

大崎　今度どこかへ発表する訳ですか。

つげ　どこと決まっていないですけど。

大崎　ストーリー考えて、うちでポケッとしているんですか。奥さんはその間なにやっているんです。

藤原　私ですか、私の方は結構忙しいですよ。

大崎　うまい料理が食えるように

なったんですね。つげさんは以前、ソバぐらいしか食べなかった。

藤原　料理はなかなか上手くならないけど。

大崎　最近はビフテキとか——。

つげ　あい変らず食わないですよ。冷ムギとか、あんなのばかりで。

大崎　奥さんとしてはあまり料理の張合いがないですね。

藤原　むずかしいの。本当にむずかしい。すごくむずかしい。なんでも食べるって訳ではないでしょう。

大崎　ソバなんかを上手くつくるのはむずかしいものね。

北井　どこへ行っても、つげさんはうるさいね。うちでつげさんみたいに文句つけていたら追い出されちゃう。食わしてもらえないよ。

藤原　じゃあ私もその手にしようかしら。

大崎　つげさんのうるさいというのは本当にうるさいね。このワインは不味いとか、このビフテキの焼きが足りないとか過ぎるとかいうのなら普通だけど、そうではなくて、もっと貧乏たらしい食い物でうまい不味いを騒いでいる。

藤原　そうなのよ。

大崎　今日は腹をこわしてましてね、麦茶と、甘いものをチョッと入れただけなんですよ。食い物の話はこの辺にしてぼちぼち話に入りますか。

2

大崎　今日は豊島書房の仕事です。「るうじん」というのは、どちらかというと堅いものですね。豊島書房というところも堅い本ばかり出しているようですが——。

近藤　あまり売れそうもない本ばかりで。

大崎　そこがいいじゃないかってつげさんにいいましてね。変に風俗に流れちゃうとこっちも工合の悪いところがあるから。

つげ　今日は旅の話をするんですか。

大崎　旅の話とつげさんの近況を話してもらおうかということです。

つげ　近況といったってなにもないです。三人のことで話をしましょう。私一人では話ないですよ。すぐ尽きてしまう。しゃべることないんだな本当に。今迄やった対談にしても、なんとなくスイッチが入っていて、なんとなく終っている感じです。

北井　つげさんの相手はおしゃべりでないといけない。

近藤　「——流れ雲旅」のあたりから話を聞かせて下さい。

大崎　堅苦しくいいますとね、あの本を出した時、こちらの三人としてはまだ不満が残っていたのです。我々でやりたいということが漠然とあった訳ですが、それを充分に展開しきれないうちに、私の異動だとかその他のことがあって、事実上三人組の仕事ができなくなってしまった。それまでの間に、何故俺達が旅をするのか、いずれ明らかにしようという話がつげさんとの間にあり、十回ぐらいシリーズを続け、最後に本音になるかどうかは分らないまでも、つげさんならつげさん、北井なら北井の、俺なら俺のもっている例えばそうだな、俺の場合には、「村」というものへの想いみたいなものを座談会で展開し、それでシリーズを閉じようという考えがあったのです。

つげ　僕には「村」に対する意識がそんなに強くある訳ではない、ただぼんやり旅行しているようなもので——、北井さんもどちらかというとそんな感じではないですか。

北井　私も大体がただくっついて行くというようなもので、二人が地図をひろげてニラメッコしているからそれを見ているという工合ですね。

つげ　何故旅行するかという動機は特にないですね。そう言っちゃうと話にならないけれど実際それはないのです。

大崎　それはそうです。

つげ　ただ、まあ好きだから旅行している訳だけど、ではその好きということの根拠は何かといわれても、ひと口でうまく言えないですね。北井さんはどう思ってるの。

北井　僕は大体が旅行を好む方じゃない。下北へ初めて行って、ああいいなあ、こういうところもあるのかいなあと、もの珍らしさもあって思い直したというところかな。

大崎　北井は三年間三里塚にいただろう。三里塚で写真をとっていたね。

北井　でもその頃自分から旅行しようという気持はなかった。でも旅行してみるとこちらの思っていることとかなり違っていて面白くなってきたという訳。

つげ　一人で旅行したいという気持はなかったの。

北井　この頃少し出てきた。それに写真を撮るには出かけないとあまり撮れませんからね。
つげ　大崎さんはどうです。取材とか家族旅行も含めて、旅のイメージをどうとらえているのですか。
北井　大崎さんはいかにも好きそうな感じだね。
大崎　俺は大好きなんだ。
つげ　でも家族旅行に「村」のイメージを追うなんてことはないでしょう。
大崎　そりゃ全然ないですよ。そういう時は機械的に運んであきらめちまう。旅行と旅とは、かなり自分では分けて考えている方です。旅行というとスケジュールに沿った観光旅行ということですし、旅というと、ただどこかへ出かけるだけではなく、想いをこめて、想いに肉体をこめて、体を動かしてしまうところがあります。かなり強引なものです。つげさんと行く時はいつもそうですよ。つげさんは客観的に、ものがあればあるように冷静に観ている人ですが、自分の場合はこっちが見たいように強引に見てしまう。旅というものには一つの二重構造というようなものがあって、単に知らない地方へ行くだけではない、こっちの夢も追ってゆくのだ、そういうあり方が旅なんだと、かなりハッキリしたイメージがあります。つげさんにしても、ただ好きだから行くのだと言いますが、その辺は色々あると思うのですよ。

つげ　それはね、微妙にあるのですけど、うまく言葉でいえないのですよ。

大崎　理屈をつけると随分こぼれ落ちるものが出る。自分もそのあたりをハッキリさせたくないので「想い」とか「夢」とか、非常に漠然とした言葉を使っているのです。初めの頃、アサヒグラフに載せたものには、つげさんと我々がどういう想いで旅をしているかについて少しずつは書いているんですよ。

つげ　ええ。

3

大崎　旅に出るということは現実社会からの逃避であるという観方が一方に強くありますよね。そういう考え方は進歩的といわれる人達に多いのですけれど、自分にはそれがとても独断的な考え方だという意見があります。旅は逃避だと言う人に限って、現場での闘争を回避している人間ですよ。これは三里塚に北井と、取材で三年間行っていて感じましたね。俺の知る限りの読者で、つげさんとの記事を最も支持したのは三里塚の青年行動隊だったですよ。彼等もながい闘争をやっているからどこかへ逃げ出したいという気持はあるかも知れない。だからといって彼等が旅行や旅に出かけるかといえばそうではないですけどね。

つげ　自分の場合「旅」といったら、ただそこに佇んでいたいという、それだけですよ。

近藤　しかしそれが長続きするものではないということもハッキリしているのですか。

つげ　ええそうです。それは瞬間でもいいのです。それだから度々出かけて行くのかも知れない。この佇んでいたいということの根拠はと問われると、これもまた言いづらくてね。

北井　こちらの気分で随分変るでしょう。

大崎　つげさんと初めて会った時、ここではないどこかにいればよいという言い方をしていたでしょう。あまり実感できる「ここ」があってはいけないのではないですか。

つげ　いや、むしろそれを望んでいるのかもしれない。

大崎　「ここ」のあることを?

つげ　自分が風景なら風景の中に佇んで、永久に佇んでいられたらそれにこしたことはない。でもそんなこと不可能な訳です。佇んでいたいということをうまくいえないですけれど。それ以外に旅行する理由はいえないようです。

大崎　前は自分が自分でないような状態という言い方をしていましたね。

つげ　気持の中にはありますが、やはりうまく語れないな。

大崎　話は重複しますが、つげさんと初めて旅行したのはアサヒグラフで〈つげ義春〉という人を取材したのが最初です。六九年の二月でしたね。あくまでも取材で、その時は「ゲンセンカン主人」の舞台になった湯宿へ行きましたね。行ってビックリした。いかにも湯治場らしい湯治場というムードがあってつげ義春という人はこういう所でこういう世界に親しんでいるのかなあと思ってました。旅人様御宿とかいう古い看板が垂れていたり、共同浴場は薄暗くて、覗き込むとばあさんが一人で湯につかっている。つげさんが舞台にした宿屋というのも、これはまたひどいオンボロ宿で、柱は傾いている。あの頃幾らでしたか一泊。

つげ　三食付七百円でしたね。六九年というといつですか、四年前ですか。

大崎　それから夏油へ行って、これが「流れ雲旅」の最初の旅になった。それまでのつげさんの好き勝手な旅から、ジャーナリズムが引きずり出した旅になった。この時は湯治場ばかりだったですね。

つげ　ええ。

大崎　つげさんは湯治場が好きなんでしょう。

つげ　何故好きか分らないですがなにしろ好きですね。湯治場も夏油がそうでしたが朽ちかけている湯治場ですね。デラックスでバーンとしている所は全然駄目で、この朽ちかけているのが好きというのもやっぱり何かあるんですね原因が。

大崎　夏油ではつげさん、ばあさんに随分もてたじゃない。（笑）

つげ　こわれていくものの何かに惹かれるということですけれど、梶井基次郎の『檸檬』の一番初めのところ、五行目くらいにそういう文章が入っているのです。崩れかかった土塀とか、むさくるしい裏通りを歩いていると安心していられる、というようなところですが、細かいことは忘れましたけれど、それとピッタンコなんですね。その文章を読み返してみないとよく言えないですが、ただそういう所が好きというだけでなく、そこが現在自分の住んでいる所ではない、フッと遠いところのように仮想して、存在感の確認のようなものを、ズバリとは書いていなくてもそれが感じられる文章なんですね。なんとなく照れくさい話ですけれどそんな感じですね。

4

大崎　自分がニュージーランドから帰ってきてすぐつげさんと夏油へ行きましたよね。その時、向うではいやという程俺は日本人なのかと意識させられる一面があった。食生活も違えば社会生活上の感覚がまるで違う。イギリスを手本にして逆に今イギリスには全く存在しないようなことを几帳面に守ってやっている。居辛いったらない。酪農国ですから山に木を生やしていない。それが帰ってきてつげさんと東北へ出かけると、日本の山は雑木がうようよ生えていて、乾いているかといえばしっとりしているし、夏油へ着いてみればベットリした感じの中でじいさんばあさんが湯治している。こういうのが日本かいなあと思いましたね。ディスカバージャパンという言葉の流行する前でしたけれど、そういう意味でつげさんの歩くのは湯治場とか宿場町とかいう、古いひなびた日本という感じがする。つげさん自身は日本的なものを意識しているのですか。

つげ　特に日本的なものということはないですね。朽ちかけている風物というものは必ずしも日本でなくても良い訳で、タイの水上生活者とか東南アジアの何かでもいいのです。同じ朽ちかけていても西洋というとなんとなくピンとこない。

大崎　要するに暮しの匂いの強いところがいいのですね。庶民的な

イメージの――。
つげ　そういうことですけれど、それでいながら変なイメージがあって、そこでしっかり生活しているようだと、えらく日常的雰囲気になってしまうので、そういうものではなく、そのまま腐って土にかえる感じのあるそういう雰囲気のところが好きなんです。
近藤　「ゲンセンカン主人」の中で、前世がなかったら私たちはまるで幽霊ではありませんかというばあさんが登場しましたね。
つげ　ええ。
近藤　あのセリフには参ったのですが、つまりあのばあさんの存在にふさわしい場であればいいということにはなりませんか。
大崎　そういう感じしますね。
つげ　どうなんだろうなあ。あれ忘れちゃったな。

大崎　俺もあのセリフにはこたえたんですよ。

近藤　こたえますね。

大崎　そういう朽ちたものに優しさとか懐しさを感じるというのは、俺は割と理屈でものを考えてしまうのだけれど、自分の死というものを考えている時がそうでしょう。

つげ　深いところで「死」のイメージにつながるのかも知れないですけど、そこまで考えたことはないです。自分の場合は理屈ではなくてあくまでもそういう雰囲気のところにベッタリと居たいという感じだから。

近藤　今迄の話とつげさんの作品を結んでみて思い当ることなのですが、日本的な朽ちてゆくものというのはおじいさんにはなくて、おばあさんにあるという気がするのです。つげさんの作品に出てくるおじいさんは元気ハツラツとしていて老いを充実して生きている。おばあさんの方はいかにも風土の中で土着して従容と涙すらも受入れてしかも何かをもっている感じに描かれてしまう。そういうところにも今、大崎さんが言う死とか、日本的なものがこもっている感じがしますね、

大崎　つげさんにはいつ死んでもいいやという気持があった訳ですが、そういう気持のとき、ものが自然に風化して朽ちてゆくというイメージとダブることはないですか。

つげ　あまりないですね。しかし難しいですね、旅のことをしゃべるというのは。

北井　つげさんのいう風景の中に立つということは僕も分るけれど、疲れるね。僕はなんとなく都会的な所へ行くとホッとする。良いからじっとしていたいと思う反面、疲れを覚えます。

5

大崎　つげさんの旅はでもどちらかと言えば地方都市を巡るよりも湯治場のあるような山の中へ入って行くことの方が多いでしょう。

つげ　そうですね、田舎の方がいいのですけれど、ただ田舎ならいいというのではなくて、もう近いうちに土になってしまうというくらいにひなびたところ――。

大崎　この間、伊那へ行った時、山の中へ入って行っても見た感じが清潔できれいで、家も新建材を使ってベタベタ建っている。ああいうのを見るといやになってしまう。

つげ　僕もあまり好きじゃないね。そこで生活している人のことは抜きにしてこちらの勝手なイメージに合わないとどうも——ということです。

近藤　そういう新建材の家から、昨日まではにわとりに餌をやっていただろう腰の曲ったおばあさんが出てくると、また違った感じがあるのではないですか。

つげ　僕の場合にはないですね。事実昨日まではボロボロの家だったかも知れなくても、バーンとキレイな家が建ってしまうともう駄目です。

大崎　そういう言い方をすると「お前達はけしからん、都会から来て地方を差別の眼で見ている。地方は貧しくなくてはいかんのか」という言い方をされる。

つげ　そういうこととは全然関係ないですよ。

大崎　下北の時、日本の国民とは一種の近代化主義者で、生活レベルに於るすごいモダニストだと書いたのです。確かに生活レベルで見れば色々な新しい便利なものにあこがれるのは当り前でしょう。この正に当り前のことを指摘しただけでお前は差別主義者だと言われたことがあって実に心外だった。そういうことに関してこちらは重々承知している訳です。何も差別者の眼で地方は貧しいと断定し、そしてその貧しさが結構だなんて言ってやしないのです。こういう点では結局少なくとも自分の旅というのはある想念の旅になっていくということです。つげさんも同じだろうと思うけれど、こちらの「想い」というものを反映させる素材としてしか見ていない。

つげ　ええ。

大崎　だから東北でも九州でもいい、その地方の特色にはあまり興味ない。そういうことで「つげ義春流れ雲旅」という、ああいう型の旅にしたというのは想念上、幻想上のものだと規定しているのです。こちらの眼に珍らしいものがあれば食いついて聞いてみたりはするけれど、所詮珍らしいから聞いてみたに過ぎない。

つげ　旅っていうのはやはりさっきの非難とは全然違うところにあるのではないですか。

6

大崎　下北へ初めて北井と一緒に行ったとき、つげさんは熱を出して寝込んでしまったね。

北井　そうそう、朝になったら夕べ熱が出て眠れなかったというの

で触ってみたらすごい熱だった。それで一日中ふとんの中にいた。

大崎　考えてみると俺達は冷酷だね。奥の座敷につげさん一人を寝かしておいて、お茶ももってかないで二人は外で遊んでいた。医者も呼ばないで女中さんに任せっきり。

北井　女中さんの方が親切だった。

大崎　田舎へ行くとまだあるでしょう、薬の入った紙袋、あそこからトンプクを出して、それだけだったからな。

北井　みんなに悪いから先へ行って下さいなんて言っちゃって、侘しいもんだった(笑)。

大崎　一日中横になっていて、朝まで横になっている人だから生きているのか死んでいるのか分らないみたいだったね。その時見た夢が牛だっけ犀《さい》だっけ。

つげ　犀。

大崎　犀に追っかけられて電信柱の上に逃げたらその犀が電信柱の上まで追っかけてきたっていう人ですよ。あの夢、思い当りますか。

つげ　全然、思い当ることないです。

北井　僕は旅館で眠れないたちでしょう。そういうせいもあって旅をしたことがないのかもしれないけれど、下北の経験で、旅ってのはこんな風にすればいいのかなと思い「二岐渓谷」を読んではこんなことを考えていればいいのかと思ってやってみれば、まあ大体そんなようなものだった。

近藤　五年くらい前、よく関西へ行ったんです。カメラを持って写真を撮っていたのですが、一度奈良の下の方の当麻《たいま》寺に行った時に丁度そこの雰囲気がつげさんの絵に出てくるような、地方の信仰と結びついた空気がありまして、道路のかたわらにある交通安全のための標語が〃一歩の間違い地獄行き〃なんて意味でしたか、この〈地獄行き〉が非常に生々しく響いたことを思い出したんですが、まあその小さな集落は奇怪な感じでしたね。道は舗装され、家は木造の瓦屋根なのですが、どうも隣近所が競争して建てたような豪華な感じで、柱に彫りものがあったり、廂《ひさし》の所には必ずしめ縄が渡っている。かなり大きな建物です。それが全然人の気配がしない。テレビのアンテナもよく見ると立てられているのですけれど音がしない。参道の両側に並んで建っている訳ですが、その家の裏はすぐ畑になってます。畑にも人の姿が見えない。寺の山門に着くと頭でっかちの仁王様が毒々しい眼で睨んでいる。それがどうもそれまでに観てきた奈良の美術、古美術の系統に関係ないような特異な仁王さんです。眼玉はビー玉を入れたようにギラギラしている。折から風も強く、雲も厚く重たくたれてましたから天候のせいもあったのでしょう、境内で身震いするような気持になりました。

旅先でショックを受けるというか、人の生活と結びついているというか、生活を想像しながらもその想像の枠を超えた何かに出会ったりとられたりすると、オヤッと思うことがありますね。ただ風景がどうということだけではない、それで片付かない気がするのですが、つげさんの言われた朽ちかけていくものとは、その朽ちかけているものの中に、風物がというのではなく、そこから感じとれる人間の息づき、人の心の訴えを感じとってしまう、そこに惹かれるということではないでしょうか。

つげ　いや、そういうものを感じとっているのかどうか、よく分らないですね。

大崎　だけどつげさん、わりとそういうものを見てフッと、はっきりとしたストーリーでなくても、物語りの断片が頭に湧くんじゃないの。

つげ　いや湧かないですね。

近藤　まあこれは読者の勝手な解釈かも知れないですけれど、一コマ一コマの中に必ず人間臭がありますね。この人間臭は都会的なそれではない、もっと歴史的な感じのする人間臭ですね。ですから同じ朽ちるものでも人間の臭いのない山の中の自然とかいうものに、ああここはいいやと思うことはない、どこかに人間の痕跡を認めて、それがつげさんの心に届いてじっとしていたいということになるのではないかと思えるのです。

大崎　だからよく旅に出て、タクシーの運転手にちょっと見て歩きたいと言うと、親切な甲府の運転手あたりには、あそこがいい、ここがいいと言っていわゆる自然の景色のよい観光名所へ連れていかれちゃう。そういう時、みんなは実にムッツリしてますよ（笑）。

つげ　そうそう。

北井　降りなかったりすることもあるね。

大崎　きれいな景色ということに興味はないですね。

近藤　たとえば山の神社へ足を運んで、鳥居の下にキャンデーの棒が一本落ちているのを見つけると僕なんかほっとするところがあるのですが、つげさん、そういうことはないですか。

つげ　全くないですね（笑）。自分の場合、旅行のマンガを描いていても、ほとんどそれは自分の部屋で寝っころがって、考え出して作るもので、それがたまたま実在の地名を使ったりするものですからいかにも旅行しているように見えるんです。実際はそうでなくて、ほとんど頭の中で作ってしまうんです。旅の体験とか、感じとったものがじかにすぐ作品の中に出るということはありませんね。

大崎　旅をしながらその場でそこを舞台にした物語を作るようなこ

とはまずない訳ね。

つげ　物語にならないですね。逆にね。

大崎　帰ってきてしばらくした後に、フッとした時、別の話が出て、その時半年とか一年前に行った場所を舞台にしてやろうということになる訳ですね。

つげ　そうね。その舞台でなくてはならないということではなくて、なんとなく話をもっともらしくするために、いつか行ったような所を使うという感じです。ですから作品を描きたくてわざわざ地方を訪ねて生活とかを観察したいという気持には全然なりませんね。そうすると旅行もつまらなくなってしまうような気がするし――。

大崎　マンガを描くのと、旅をするのとは別なんですね。

つげ　ええ。

大崎　旅をしている時はあくまで旅をしたいからしている。

つげ　そうですよね。

近藤　そういわれても登場人物をつげさんだと思って読む楽しみは捨てられないですよ。

7

大崎　つげさんが旅に出る場合、よくものを読んで行くでしょう。昔からそうでしたか。

つげ　いや昔からということではなく、ひとり旅の時はそんなに調べないですね。

大崎　この前一緒に旅行した時、つげさんの地図を見たら、全国マルばっかりつけてある。大体どこにつけてあるかといえば、まず宿場、そして峠、それから鉱泉宿ですね。行ってないところもつけてますね。鉱泉宿なんか。

つげ　ええ、いずれは行ってみたくて。温泉ももう限りあるから、うんとひなびた所といえば鉱泉宿の方がいいと思う。

大崎　今迄に良い所にぶつかりましたか。

つげ　鉱泉宿はその割に行ってないです。この前ちょっと会津の方へ行ったのですけれどサッパリでした。温泉の方がいい。

大崎　最近は自分のイメージに合った温泉にぶつかる事が少いでしょう。蒸ノ湯は山崩れでポシャッてしまったし――初めて出かけた頃は湯治場らしい湯治場というのがいっぱいあったね。夏油だって国民宿舎ができてバスも通るようになった。おおむね、遠くへ行く程、新建材の家が増えた感じがする。日本の風景は変りましたね。つげさんも本を読んでいて地方の家の造りに興味を持っているでしょう。南部の曲り屋とかいうその土地の季候風土に合せた家が造られてきたのが、新建材の家に変って特色がなくなってしまった。そういうのを見ているとガッカリする。無責任なガッカリかもしれないけれど――。

つげ　そりゃそうね。

大崎　でもガッカリするには充分な理由があると思う。日本にはローカル文化がこれから創られるかといえばもう駄目だろうと感じられるものね。その土地のエネルギー、風土のあらわれとしての何かがこれから創造されることはないなあ。結局はテレビ文化という中央から押しつけられたもので画一されてしまう気がするね。

つげ　段々旅行をしたいという気が減ってきますね。何処へ行っても同じだからと思ってしまう。勝手な言い草ですが、自分の好みの景色というものが大切なのです。家も景色の一部ですから、その景色にそぐわない家があるとガッカリする。

大崎　道路も舗装されて、山里の道にも土の上を歩く楽しさが段々無くなった。勿論アスファルトの合理的なこと、便利なことはその通りで、否定できないですよ。ただ、季候風土や山かげとかの立地条件に関係なく新建材の家は造れる。アルミサッシの窓枠で冬は暖房設備を働かせればどこでも暮せる訳ですよ。多くの人はそれで喜んでいるのでしょうけど、またそれを悪いと言うのではないが、ただそういうのは自然に対する強引な感じがとてもする。それが世界的なすう勢だという意見もあるのですが自分はそれもどうかと疑問に思います。まあ全ての国々を見ている訳ではないですが、フランスにしてもスペインにしても、ギリシャにしても、都市というものに対する考え方が日本とは根本的に異っているように思えますね。日本のは力ずくという感じですよ。日本人というのは花鳥風月的感覚が敏感だという意見がありますが、どうも疑わしい。モダンなるものは善でそうでないものは悪という、それも都会のインテリでなく、田舎の人の方が生活レベルの中でこの考えを強く持っている。最新型の電気製品はいまや地方から普及していますよ。そういう人達が「祭」をどんどん亡ぼしてしまった。残っている「祭」も保存会のそれとか、ディスカバージャパンに広告したから仕方なしにやってるとか。観光用でね。

北井　つげさんが「祭」をあまり好かないというのはどういう理由ですか？

つげ　あまり理由はないです。何故かって考えたことはないのですが、自分の旅行のイメージと「祭」はしっくりしないのです。

大崎　こっちは「祭」が好きだから行こうって誘うと、つげさんはいやだっていうね。陽気すぎたりするからですか。

つげ　そうでもないです。「祭」は夏でしょう。僕の旅行する機会はわりと冬が多いんです。それも偶然冬が多いというだけで、まあ、なるべく人の行かない時を選ぶとそうなってしまう。夏は何処も行けないですよ。

大崎　汽車もとれないしね。

つげ　自分の旅行というのはその地方がどういう生活してようと関係ないですよ。旅行の話というのも、その生活のことと関係ないところで進めないと、どうしても都会人の思い上りと言われてしまう。別個のものという感じがします。

大崎　そうね。現実の地方のありようではなく、最初に言ったように我々の想念の領域にかろうじて成立しているものだよね。さっきはかなり現実空間を話題にしたけれど、実際には想念とか夢とかの世界にかろうじて可能なのかなあという感じしますよね。もっとキザッたらしく言うと、自分の旅というのは、まさに想念としての道をたどって、夢としての村へかえってゆくのだという感じはあるのです。現実のふるさとは東京郊外の埼玉にあるんですがね。想念の上では何処でもいいのです。

北井　昔見たようななつかしさを追うということはチョクチョクあるよ。

つげ　一人旅とそうでないのとはガラリと違います。普通の旅、旅行とは日常というのがそのままくっついてくる感じがして、そういう旅で田舎へ行くとひどく現実的な感想ばかりが出てくる。一人旅となると場所は何処だってよくなる。理屈で語った農村がいいだの、わらぶき屋根がいいだの関係ない、都会でもいいのです。この一人旅をするというのはなんだろうなあ。追い立てられてするということではないですか。もっとも一人旅をしたのは大分以前のことですから、その頃はヒョッとしたら何か訳の分らないものに追い立てられていたかも知れませんが、今は全然ないのです。ボケちゃったのですかね。

大崎　その訳の分らぬものに追い立てられるという時の「なにか」とは、もう少し言うとなんですか。

つげ　キザッたらしくなっちゃう。

大崎　キザッたらしく言ってみてよ。

北井　たまにはね。（笑）

つげ　やはり存在論みたいなことですけれど、大袈裟に言うと、日常から非日常的なところへ移行することによって自分の存在みたいなものが初めて確認できるということがある、そういう思いみたいなものですかね。これはもう一人旅に限ってのことですよね。

大崎　一人旅はセンチでしょうね。

つげ　自分の場合は、暴力的な気持になります。やけ糞みたいな気持になれるから、実際は何もしなくても、何をしてもいいんだということですか、知らない土地で何かをやるということは仲々出来ない筈なのに。それが何でも出来るような気がする。言ってみれば旅の恥はかき捨てということですかね。普段はまわりとつながりがあって責任もありますね――。

大崎　どこへ行った時だっけ、ストリップの女の子を宿へ呼ぶとか――。

つげ　そういうことが思い切ってできる心境になるのです。

大崎　ファンと宿屋で密会したとか――。

つげ　そんな話よそうよ。（笑）

藤原　いいじゃない。

大崎　脱線するけど、つげさんね――。

つげ　いいよいいよ。

藤原　全部知ってるもん。それとも、もっと悪い話なの。

つげ　そうじゃないって。話を脱線させては駄目ですよ。

大崎　俺は一人旅の時はセンチな話が好きになる。惚れてた女が嫁に行った話とか、鈍行で雪の中を走る事とか。

つげ　日常のままで旅行するのと一人旅とは違うみたいですね。日常のままでやる時は鈍行より急行がいいし、座席もグリーン車の方がいい訳で、新幹線も好きです。飛行機はあまり好かないけど、全くそういう時は平凡ですね。でも一人旅の変にやけ糞な気分の時はもう乗物はなんでもよくなって、宿屋の心配も行き当りバッタリで

しなくなる。

大崎　宿屋といえばつげさんは商人宿が好きですよね。それはどうして。

つげ　それは日常的な旅の仕方の部類にどちらかといえば入りますけど、商人宿には旅人のイメージがついてますよね。そこに集まる人は旅ばかりしている人達でしょう。またそういう商人宿に生活している人の生活の臭いを感じとるのは楽しいですね。農家の人のそれとは微妙に異なるのです。

大崎　旅をしている時、いずれは自分が東京へ帰るということを感じてますか。

つげ　ええ。

大崎　そうすると一人旅の時は日常を置いてきたようなものですか。

つげ　そうですね。自分の歩く道

が仮に東京に定まってあるとすれば、少々そこから枝道に入った感じです。

8

大崎　奥さんに聞こうかな。二人で旅行する機会は多いのでしょう。

藤原　そんなに多くないですよ。五、六回くらいかしら。

つげ　そうね。しかし一回の期間が長いです。最近は段々少くなってきた。大体二人で旅行する時は始まりから終いまで愚痴ばかりですよ僕は。不満ばかり言って歩いている。

大崎　どういうところでつげさんの愚痴が出るのですか。

つげ　宿屋の待遇が悪いとか——。

藤原　出かける時から帰るまで文句を言ってる。とても客観的なの

です。ムードにひたるということがない。

つげ　人と行く時は現実的になる。

藤原　でも帰ってくると結構良い思い出になっているものなのね。

つげ　そりゃそうだよ。

大崎　つげさんは相手が奥さんだから当り散らすんだ。

つげ　そんなことないよ。

藤原　私の方は雑なんです。大まかにムードの中へ入ることができる。ところがこっちは全体的によくっても一つか二つ気に入らない所があればもうそれだけで機嫌が悪い。

北井　つげさんは旅館にうるさい人だね。

大崎　俺は仮に待遇が悪くてもコノヤローで済んでしまう。

つげ　コノヤローッて工合にいかないね。翌日宿を出るまで「しっくりしないな、しっくりしないな」を繰返している。欲が深いんだね。風景も部屋も何も彼もピタッとしないと満足しない。

北井　俺もそうだな。気に入らないとあっち行きこっち行きして決まらない。それで段々時間が遅くなって佗しくなり、最後には一番つまらないところに落ちつくしかなくなってしまう。大崎さんはピタッと初めての宿に決めちゃうね。

大崎　いい宿にこしたことはないけど、あっちこっち捜す手間の方が面倒だよ。つげさんはおまけに食い物にうるさい。

北井　精進料理が好きなんでしょう。

つげ　そうね。

大崎　肉とか鳥の足とかが出ても食わない。

藤原　ひどい時にはほとんど何も手をつけないの。

大崎　常識的な観光旅館で出すものはつげさん駄目だね。

つげ　佃煮を持って歩いてるんです。それはそうと、大崎さんは旅行する前に緊張しないですか。

大崎　しないですね。行くぞという気構えはないからね。

つげ　普段の気持のままに旅行できるのね。

大崎　つげさん緊張するんですか。

つげ　しますね。前の晩から眠れなかったりして、楽しくて眠れないというのではないですよ。沢山旅行していれば慣れるということもあるでしょうけれど、自分の場合は未だに眠れない。人と行く時は多少和らぎますが、一人で行く時はもう大変なものです。三日ぐらい前から緊張している。日常の生活から違うところへ行くという気がして、出かける前から旅が始まっちゃってる感じです。大崎さん達と行く時は人任せで気楽な方ですがね。

大崎　だからつげさんの方が想念的なんでしょう。

つげ　普段自分の居る所を留守にして平気でスーッと出て行って、また帰ってこられる人というのが不思議なんです。そういうことないですか。以前に鈴木志郎康さんと対談した時、僕は時刻表一冊あれば旅行できると言ったのですが、それは今言ったように三日ぐらい前から緊張して旅の準備をしていると段々心の中で持物が減ってくる、最後に時刻表一冊が残るということなんです。しかし鈴木さんは日常の道具の一切合財をかついで行きたいと言っていた。

大崎　俺は道具の置いてある、今住んでいる所が自分の場所だという気が全然ないね。自分の巣というか拠点みたいな感覚に乏しい。

つげ　その拠点という感覚は、自分の場合もアパート住いを転々としているから無いのですけれど、でもやはりその人の住んでいる空間というのがある。住んでいる街、場所ではなくて、内的空間みたいなものかな。日常だな、日常そのものにがんじがらめにされているから——。逆の言い方をすると、北井さんは家族があって、一応旅に出ても後の生活は任せていられる。日常的安心感があるでしょう。そういう状態は日常にしっかり根をおろしていると見えるのです。だから安心してどこへでも出ていかれる。自分の場合は安心して行けないのです。根を持っていないということが逆に自分を日常的なものに縛っている感じがするのです。一人で生活しているとか二人で生活するとかに関係なく、また出かけた後に日常が変ってしまうとかいう心配とも違う、何か恐ろしい感じなのです。だから仲々腰が上らない。毎度なんです。大崎さんに誘われても、ズバリ行きましょうという返事が出ないでしょう。

大崎　ウン、いつもしないねえ。

北井　しぶしぶ行くという感じだ。

大崎　それにつげさんは、行った先の湯治場で宴会なんかをじいさんばあさん達がやっていて飲みに来いと誘われても行かないね。俺はワッと入って楽しむけれど、つげさんは生活の臭いそのものは好きだけど暮しそのものには入って行かないね。

つげ　関わりたくないね。ハタからチラッと眺めていればいい。まあ、旅っていうのはどういうのが旅かとわざわざいうこともないのでしょうけれど、この三人でやってる旅というのはただブラブラして、何か突っ込む訳でもない、行って帰ってくるだけで、考えてみれば変なものだよね。

大崎　〈流れ雲旅〉とはよくつけた題ということになる。あの本のあとがきにも書きましたけど、こうだから行くというものがないです。下調べもしない。むしろつげさんの方が詳しいかな。宮本常一かなんかを読んでいるからね。

つげ　打ち合せもないし、電話で待ち合せ場所を決めるだけ。

大崎　意識的なのはなるべく観光地を避けようということかな。

つげ　観光地へは行ったことはないですね。でも、旅館も日程も決められている旅行は楽じゃないですか。

大崎　しんどいよ。

つげ　肉体的なしんどさはあるけど、精神的な面で、深いところで――。でも考え過ぎかな。

北井　考え過ぎだと思うなあ。

つげ　楽じゃないかなあ。僕はそういう人達すごいと思うけど――。

大崎　パターン化した旅行を下らないと言うのは容易いけれども、確かにそこにはもっと違った恐さがあるね。

つげ　旅に自分のイメージがどうのとか、自分というものにこだわり過ぎた旅行を我々はしているのに、ああいう人達の旅行に自分はどこにもない。そういう旅行している「その人」の中味が恐ろしい。風景も何もないですね。それを色々理屈で言えば言えるのでしょうけれども、僕にはただもうすごいとしか言い様がない。決められた旅行を自分で選ばずに出来るということ、自分の行動をそういう風にゆだねられるというところに感じちゃうのですよ。でもこういう風に話をすると段々おかしくなってくる。それに自分の場合、現在はできないけれど、将来年をとってから、決まりきった景色を見せつけられて感激することになるのではないか、今は絵はがき的なものには馴染めないけれど、先になって、いいなあとは言わないまでも抵抗なく平気でそういうところに居られる気がする。それも何処か分らないけれど。その時は旅に関わる自分だとか、夢だとか風景とか関係なくなっているのでしょう。だから、逆に大風景を団体で観に行って感激して帰ってくる人達と通ずるものもあるのです。

大崎　つげさんが崩れた土塀を見ていいなあと思う時、それは小さい頃の自分と結びついてはいないのですか。

つげ　そういうことはないですね。でも小さい子どもの時から知っている下町に郷愁がある訳でもない。自分の慣れ親しんでいる所というのは案外見ていないですよね。

藤原　都会生れの人は田舎の風景に注文が多いと思いますね。観念が先走るから、何もない平凡な風景に満足しないでしょう。私は田舎に長く居たから、何もない田舎の風景というものに安心できるというか、いい感じがある。同じ田舎の風景でも眼に見えているものと、心の中で体中が見ているというか自分も風景の中の一部として成り立っているものがありますよ。

近藤　都会人は象徴を求めているということですか。

藤原　ええ、求めている。その求めるという言い方が趣味という感じになる。

つげ　風景というのは、求めているからどうのというのではないよ。何気ない風景がよいと思ったり、物足らなく思えたり、見る側の心境の問題でしょう。

大崎　旅くらい主観的なものはないですよね。近頃は週刊誌にも随分載るようになっているのだけれど、どれも交通会社の案内書みたいな内容になってきてる。以前にはまだ記者が好き勝手に書いていたものもあったのだけど、どうもそれが主観的でけしからんという風に変えられてきている事情がある。それに対置する客観的なものなんてあり得ないのにあり得るかの如く書いている。まあ、活字ジャーナリストより映像テレビの方が進んでいるね。前に旅ものをカメラ雑誌でやった時、お年寄りから文句が出ましてね。お前等のやっていることは分らん、ちゃんと撮影記案内とか交通手段、費用を書けという。しかし撮影記案内ってのは何だろう。どこを撮れと、一体どういう神経なら言えるんですか。

近藤　どこへ行ったらどことどこを観なさい、という観光会社の姿勢ですね。それがまあ当り前なん

でしょうね。週刊誌にもある〈食べ歩き〉〈見て歩き〉、読者は忠実にその記事をなぞって、安心するという工合ですね。

大崎　ですからつげさんと旅を始めた時は、方法意識としてそういうものを否定しようという気は強かったですよね。話は違うけどつげさんは外国へは旅したくないと言ってましたね。今もそうですか。

つげ　ウーン、興味ないね全然。

大崎　どうして。

つげ　どうしてなんだろう。自分でもよく分らないですよ。

大崎　朝鮮なら行ってもいいって言ってましたね。

つげ　近いから。

大崎　東南アジアはどうですか。

つげ　ええ。でもいざ誘われたらどうかな。

（一九七三年八月九日　新宿ボン）

異空間への旅人・つげ義春

大崎紀夫

ねじまがった〝ねじ式〟の世界

つげ義春の日常生活はいとも優雅なものである。

当人にいわせれば「毎日が空白のつらなり」なのだが、それはこんな具合である。

――昼ごろ目をさます。顔を洗う。ブラリ散歩に出る。本屋の店先をひやかし、それから喫茶店へ。そして片隅の暗がりにポツンとすわり、ただボーッとしている。まがもたないと思うと、しようがないのでなにかアイデアでも考えてみようと思うこともある。二時ごろ窓を閉めきったままの薄暗い部屋にもどってくる。あとはもう部屋で、すわったり寝ころんだりしながら、眠りたくなるまでボケッとしている。だが困ったことに不眠症気味だ。いっかな睡魔は襲ってこない。仕方ないので睡眠薬を飲んで眠る。それが午前三時ごろ。食事についていえば、昼食は散歩のとき食堂で食い、あるいは喫茶店のモーニングサービスのトーストで我慢し、夜食はパンかインスタントラーメンを作って食う。翌日もそのくり返しである。

マンガは「おそらく日本でいちばん寡作でしょう」というくらいで滅多に描かない。ここ三年間に発表したのはわずかに十七作にすぎない。もちろんそれでは食えない。そこで近くに住む「ゲゲゲの鬼太郎」の作家の水木しげるのところに生活費稼ぎのため仕事の手伝いに行く。それも月のうち一週間ほどで、「適当に食えるだけ取ればやめてしまうんですよ」ということだ。あとはもうひたすらボーッとしているのである。

たいへんな訥弁家でもある。人柄の善良さがにじみ出すのか、そこには訥弁の魅力といったものさえうかがえるのだが、さて、行きつけの調布市の喫茶店の暗がりでボソボソしたその話をきいていると、彼はボソッとこんなことをいう。

「ここにコップがありますね。こういうものが時どき〝ものがありありとある〟というふうにみえるんです。そのときの恍惚とした気持。そうなんです。自分自身が《もの》になれたらといつも思っているんですよ」

意識を拒否する意識が自分のなかにあるのだそうだ。

つげがよく見た夢のひとつ――「山があり、澄みわたった空がある、鮮やかな天然色の風景がぼくの前にひろがっているんですが、輝くばかりに明るいその風景はなにひとつ動くもののない時間の止ったそれなんです。そしてぼくはその風景と実は全く断絶していて、まるで客席から映画のスクリーンをみているような関係にあるんです。だから、その風景はぼくを恍惚とさせ、同時にすごく恐怖させるものなんですね」

つげが睡眠薬を常用しているのは、またその〝悪夢〟をみぬためでもあるのだそうだ。

だが、つげが生きているのは確実にこの悪夢のなかだ。彼はいう。

「時間・空間と全く関係のない世界――それは死の世界じゃないんだけど――それを自分のものにできたらと思っているのですけどねえ」

そして「ねじ式」(ガロ・つげ義春特集号)では「そうした恍惚と恐怖の世界・異空間の世界がいくらか出てると思う」という。たしかにこの作品のばあい、その作品世界の時間・空間はあるいは止り、あるいは逆流し、あるいはねじれ――というふうに複雑な構造をもっている。ストーリーは、メメクラゲ(これが何であるかよくわからない)に腕の静脈を切りさかれた少年が《村》のなかを止血してくれる医者を求め歩く……隣村へ行くはずの汽車が〝行けば行くほどうしろに走って〟結局ついた所はレールもないもとの村の真中、そして……という具合だ。

作品を生む時に堕胎する〝作品〟

作家歴十五年のつげ義春が一部の大学生や詩人、評論家などから単なる異色作家としてでなく恐るべき作家として話題にされだしたのはここ二～三年だ。そしていまや、つげ作品を掲載した「ガロ」(つげは現在この雑誌にしか作品を発表しない)は必ず売れ行きがあがるという話である。

つげがここ三年の間に描いた作品はほとんどが〝旅もの〟とよばれるものだ。《旅人》がどこか《よその場所》に行き、そこの《定住者または風景》と出合い、あるいは出合わず結局《風景》の前を通過していく、といったストーリー設定のものが多い。

「主人公はいつも一人称で登場し、その原点からいつも社会、世界をみている。いわば、徹底したプライベートな視線に貫かれた作品空間がつげ作品の特徴だが、最近作〝ねじ式〟などではその空間がさらに異様なものになっている。というのは、作者そのものみたいな主人公＝一人称が自らを踏みはずして異空間へ入っていったということで、そこではもはや作者とは思えない主人公が悪夢のなかにいる。そしてその主人公とは実に〝悪夢のなかのわれわれ〟なのだ。つげ作品を読むとは、だから、夢をみるということなのだ」

と詩人天沢退二郎は、一見のんびりムードのつげ作品がもつ根源的なコワサにふれ、そして絶賛している。つげ作品を〝存在論的反《アンチ》マンガ〟とよぶのは評論家の石子順造だ。

「つまり、マンガ自体がつげの存在論になっており、それがつげの詩になっており、従来のマンガの枠を大きくはみ出しているからだ。その存在論とは、動物やコップ、つまり自然と人間が同じ位相にあるというもので、つまりつげは日常のただなかにある奈落をみているのだ。彼のマンガは、狂猥な現代の文明状況のなかに生れてしまって死ぬしかないぼくらの生の痛みと深くつながっているのだ」

そして石子は、つげ作品を読むとは「恍惚とした恐怖の体験をすること」だという。白十三平の作品が〝唯物史観マンガ〟ということで盛んに論議されたが、いまつげ作品が《意識》《存在》《風景》《空間》《時間》などといった言葉で盛んに論じられているのである。こうした現象は日本のマンガ史上おそらく初めてなのではないか。

つげは「ぼくは本当は多作であっていいはずなんだがなあ」という。「なにか作品を描いているとき、いつももう一本の話が裏にあるんです。本当はそっちのほうが好きなんだけど、それはどうしても作品化できない。覚書には、だから何十本も話をもっているんだけど、大半が、そういうわけで消えてしまうんです」

「ゲンセンカン主人」（ガロ・68年7月号）という作品がある。かつて旅人としてその湯治場にやってきてゲンセンカンに泊った男がいる。男はその夜、天狗の面をつけて肉感的な聾唖《ろうあ》の女主人の部屋にしのびこみ、〝できて〟しまう。そうしてゲンセンカン主人におさまったのだが、いまそっくりの男が天狗の面をつけてゲンセンカン主人の前に現れる——というコワイ話だが、この作品の〝裏の話〟とはこんなものだ。

——小さな村がある。いましも村は祭でにぎわっている。お面をかぶった村男たちが通りを踊り歩いている。それを暗い家のなかからじっと眺めている少女がいる。（「といって意味などないんですよ」と語りながらつげは念を押す）夜がくる。静まり返った村。広場でひとり面をつけて踊っている者がある。昼間のあの少女だ。（「これも意味ないんです」）やがて少女は夜の郊外へとまっすぐのびる道を踊りながら進んでいき、宙に浮上がり、暗黒の空のなかに消えていく——

なぜこのストーリーを作品にできなかったのか。「技量のせい、いやマンガではもう描ききれないなにかがあるんです」

つげは昨年夏以来、半年の間、なんの仕事もしていない。

つげ義春自身、マンガを描くことでは、ついに時空と関係のない世界、いわばわれわれをとりまく日常の現実空間の向うにひらける恍惚と恐怖の世界に到達することはできない、と自覚している。不可能な夢に挑む不可能性の作家なのである。

それ以後少女はいつもオカッパ

昭和十二年十月に東京で生れた。本名は柘植義春。母親はもと海女、父親は板前だった。この父親が五歳のころ狂死すると、母親は子どもを連れて再婚。定職のない義父は夜店などで商っていたそうで、つげは小学生五年ごろから夜店の売子やキャンデー売りなどをやらされたりして満足に小学校も卒業していない。小学校を出るとすぐ働きに出て、メッキ工員、新聞拡張員、ミシンかけ、ソバ屋の出前、米の闇屋の助手などを転々。そうした東京・下町の少年時代だった。「極端に内向的な少年で、一種の対人恐怖症におちいっていた」そうだ。

マンガを描き始めたのは十四歳ごろで、初めて原稿料を手にしたのは十六歳のとき。これで自活の道が開けたと思うと「折合いの悪い義父のもとをさっさと飛出し」錦糸町のアパートの二畳の部屋でひとり暮すようになる。最初は貸本屋マンガ作家だった。ところが寡作のせいで食うや食わず、部屋代を二年もためてしまったこともある。

二十二歳のころ、一つ年下のオカッパのBGと知り合い、大塚のアパートに引越して同棲。二年間で別れた。それは不幸な別離であったようだ。その別れの日、つげは睡眠薬自殺をはかっている。以降の人生は「もう余計のものみたいに思える」そうだ。つげ作品にしばしばオカッパの少女が登場するが、それはこの体験からくるのだろう。

いまでもつげは町でオカッパの少女をみかけると「悲しくて悲しくてとてもやりきれない」のだそうだ。つげには現在数人のガールフレンドがいるが、うち二人はオカッパで、一人の方はつげが注文をつけて切らせたという。作家の金井美恵子をほとんど理想の女性というのも、作品のせいではなくてそのオカッパのせい。念がいっているのだ。さて、また錦糸町のもとのアパートにもどったつげは、四十一年、水木しげるの仕事の手伝いを頼まれて調布市に引越した。そして現在に至っている。

風景をめざして風景の彼方へと

空白の日常のなかでボーッとしながら、つげはいつも「自分はここにいないんじゃないか」という疑惑にとらわれている。そこで旅に出る。多いときは月のうち五〜六回になる。かつてはひなびた湯治場やうらさびれた山奥の村などを訪ねることが多かったが、「別に景色などみる必要もなし、ただ《別の場所》へ行くのが願いだから」最近は地方都市へも行く。たとえば九州・小倉の駅前の宿屋に三泊し、近くのパチンコ屋で玉をはじき続け、それだけで帰京してしまったこともある。

彼にとって《旅》とは風景への旅に他ならない。だが、事実として風景にとけこむことは不可能なことをつげは感じる。現実の旅は宿命的に失敗を重ねるしかない。そこでつげはさらに《風景の彼方への旅》に出立する。それがあの時空と関係のない世界。《向う側の世界》への旅なのだ。別の言葉でいえば、存在と実存との融合への夢をもった旅といえようか。その旅はつげの場合、「作品を通して行われる」のだが、「でも本当に向う側の世界に行けたら、ぼくの〝作品〟は完成するわけで、そのときぼくも作家でなくなるときですね」という。

とはいえ、つげの旅姿は、しごくのんびりしている。汽車の二等座席では「ああ、おしりが痛いなあ」と考えているだけだし、わびしい村で崩れかけた土塀をみては「いいなあ」と嘆息しているだけだ。群馬県のひなびた湯治場・湯宿温泉――その共同浴場や雑貨屋は「ゲンセンカン主人」に描かれているが、そこでもつげは「旅人宿」という看板を下げた宿屋の前に立っては「いいなあ」をくりかえす。法師温泉の浴場には〝のうびやう・いびやう〟などと書いた古い効能書があった。「びやうなんていいなあ。面白いですよね」と同意を求めるのでもなく、つぶやく。彼はそうした旅を続け、風景の前を通過していくのである。

そしてまた調布市のアパートにもどってくる。雑然と散らかった部屋でのひとり暮し。台所には歯ブラシと洗面器、それに手ナベがポツンとひとつ。部屋には万年床が敷かれ、かたわらには袋入りのミカンやパンやインスタントラーメンがごっそり。本箱には旅行関係の本、柳田國男や井伏鱒二の本、そしてメルロー・ポンティの『知覚の現象学』やビンスワンガーの『精神分裂症』、埴谷雄高の『虚空』など。『構造主義とは何か』という本も並んでいる。もっとも本は滅多に読まないそうだが。

最近、ちょっと気にしていることがあるという。「女が身をもち崩すとはどういうことかってこと。それは己れの肉体を痛めつけることを引受けるってことでしょうけど、その前に彼女の内で精神の自殺があったと思うのですね。そのとき彼女は以前とはちがう別の人間になったわけで、そのときから《もの》として虚構の人生を生き始めたのじゃないか、そう思われるんですが――」

そこでよくヌードスタジオに出かけるのだとか。そこの女性たちもそうした虚構の人生を生きていると思われるからだ。だが、そこでもつげはボソボソ世間話をしているくらいで、女のコがヌードになろうがなるまいが、ただボンヤリしているだけなのだ。

いま、つげ義春は自作が〝随筆マンガ〟とか、〝隠者の芸術〟とよばれることを極度にきらっている。天沢退二郎は「彼が踏みこんだラジカルな危機意識の世界は、現代の学生運動の感性の状況と深くかかわっている」と指摘している。

つげもその作家のひとりに数えられている劇画は当初、マンガ界の反逆者だった。それを支えていたのは大衆の暗い情念であったといえる。だが、劇画作家の〝成功〟とともにその鈍化と風化が進行した。つげ義春はこうした現在の多くの劇画作家に批判的なのだ。

下北半島仏ヶ浦

白土三平と水木しげるの二人しか認められないともいう。

「ま、ぼくの作品も最近は芸術だ美術だというところでいわれていて、残念なんです。やはりぼくの作品も底辺の大衆の情念といったものが希薄になっていると反省しています」

近くつげは「ガロ」に〝旅もの〟の決定版を発表し、同時に初期作品集を出す予定である。大衆のものであるマンガのあり方を改めて考えてみようとしているのだそうだ。

鼎談＋1

五十年目の「流れ雲」

大崎　つげさんとの出会いは、たまたまね、新宿の中央通りに当時風月堂って有名な喫茶店があってそのちょっと先の小さな書店で偶然「ガロ」を見つけた。それからしばらくして「紅い花」を読んですぐ会いに行ったんだ。そのあと「アサヒグラフ」で取り上げて。

北井　新宿のヌード劇場みたいなところでつげさんを撮ったりしてたね。

大崎　北井さんと私は、成田空港反対闘争の三里塚取材をやりながら、つげさんとの旅をやってた。

北井　そうそう。三里塚に行ってつげさんの話をすると大ウケだった。とにかく人気あったね。

大崎　みんな、つげファンでね。疾風怒濤の時代だった。あなたも私も結構長生きしたよね。でも今日はつげさん、出てくるの難しいかな。

北井　何年か前に電話で話したけど、みんなから出てこいって言われるといやになっちゃうみたい。

大崎　「流れ雲旅」のときも、私が結構強引に連れ出してさ。ほとんど行き当たりばったりだったね。

北井　でも、行ってみると何かが起きて面白かったんだよね。あ、つげさん！

大崎　ご無沙汰。元気そうでなによりです。

つげ　こちらこそ。これがせがれです。

正助　皆さんいらっしゃるからとなんとか連れて来ました。

北井　お久しぶりです。寒いし、来られないかなあと思った。

つげ　年が年ですからね。足腰が弱くなっちゃって。あんまり出歩かないですよ。町を歩くだけで。日常の買物とか。

北井　買物、行くんですか。

つげ　かみさん（藤原マキさん）、九九年に亡くなったから。毎日大変ですよ。

北井　でも、買物で歩くのはいい健康法かもしれないですね。つげさん、今度の『流れ雲旅』はずいぶん盛りだくさんになりましたよ。結構、何回も旅行しているんだよね、このとき一緒に。

大崎　万博のあと急速に列島改造が進んで、ずいぶん日本の風景が変わっちゃった。あのころがちょうど端境期だった感じだね。だからいいときに旅をしたなあって。

北井　今度の本には、つげさんと大崎さんと僕で「るうじん」という冊子でしゃべったのが再掲載されていますよね。

つげ　そうですね。

北井　うん。それで、つげさんは結構いっぱいしゃべってて。僕だけほとんどしゃべってないの。

つげ　ほんと。

北井　あのころ僕はまだ20代で、お二人と対等に会話する言葉が出なかった。当時のほろ苦さがよみがえりました。ただただ写真は撮れたんです。（写真を見ながら）これは下北半島で撮ったやつ。

大崎　仏ヶ浦って岩だらけのところだったね。バサマ会館に行ったのと、恐山で宿坊に泊まったのは覚えているんだよ。

北井　あれ、満月がまぶしくて寝られなかった。本当に明るいんだよ、地面が真っ白だから。夜中に散歩したことあったね、三人で。

大崎　それでつげさんが、あそこの温泉の絵を描いたんだ。

北井　つげさんがさ、ざしきわらしみたいな女の子がいるから、北井さん、行ってみなって。それで写真を撮った。

つげ（別の写真を見ながら）電車の中で煙草吸ってるなんて今じゃありえないね。当時はね、窓の下に灰皿あったでしょう。自由に煙草が吸えた。北井さんは、最近旅行はしてるんですか。

北井　滅多に行かないです。今は家の近所を散歩してるほうがよっぽど面白い。

大崎　つげさんは一昨年（二〇二〇年）フランスに行ったけど、外国は初めてでしたか。

つげ　そうです。でも西洋に行ってみて、こういうところに住みたいとはあまり思わなかったね。やっぱり日本のほうがいいんじゃないですか。

北井　つげさんらしいね、今のひと言（笑）。つげさんのは、住みたいところの絵でもあるよね。

大崎　海辺で「こういう所で暮してみたいなァ」っていうのがあったじゃない。

北井　下北半島のこととか、覚えてます？　恐山行ったりとか。

つげ　忘れてるのが多いですね。とにかくどんどん忘れるばっかりでね。でもそれが、死ぬ場合、大事なのかもしれない。未練がなくなっちゃってね。全部覚えてたら死ぬに死ねない。

大崎　私もね、ゲラを見ても断片的にしか覚えていない。篠栗でおばあさんから柿をもらったことはよく覚えてるんだけど。

つげ　あそこはよかったね。よかったんだけれど、具体的にどこがっていうと、もう忘れちゃって。とにかくどんどん忘れる。

大崎　それでいいじゃない。ところでね、私はつげさんから一枚、絵をもらったことがあるんです。

北井　僕もある。

大崎　私のは、私自身が描いてある東北の湯治場の旅。これが私なの（51ページ・立っている男性）。当時はこんな青年だったんだ。

北井　蒸ノ湯だね。僕はこのときは行ってない。僕はこれをつげさんからもらった（160ページ）。

大崎　国東に行くと、こういう石仏がずいぶんあるんだよね。

北井　朝日ソノラマに行ってできた本をもらった帰りに、三人でお茶でも飲みましょうってなって。ちょうど原稿とか返してもらったところで、つげさんが欲しいのあったら一枚ずつどうぞって。

大崎　そういえば、つげさん、芸術院の会員になって、漫画家では初めてでしょう。すごいよね。

つげ　年金くれるから（笑）。でも会員の仕事も結構大変なんです。

左から、つげ正助さん・つげ義春さん親子と、北井一夫さん、大崎紀夫さん

大崎　つげ義春は年金がもらえるようになって生活に困らないから新しい漫画は描かないだろうって記事をどこかで読んだけど、もう新しいのは描かないんですか。

つげ　そんなことはないと思うんですけど。

北井　まわりは言いたいこと言うからね。

大崎　つげさんは寡作ですが、その気になったら描かれたらいいですよね。今日はこういうかたちでつげさんに再会できると思わなかったから、楽しかった。うれしかった。なにより元気でよかった。

つげ　どうも遠くまで、ありがとうございました。

北井　こちらこそ。風邪ひかないように気をつけてください。

（二〇二二年十一月二十八日、調布の喫茶店にて）

【初出一覧】

『つげ義春流れ雲旅』朝日ソノラマ、1971 年

「陽気に踊る土着の大衆　つげ義春・東北の湯治場見聞記」「アサヒグラフ」1969 年 10 月 17 日号（朝日新聞社）

「熊肉と左義長　情念あふれる北陸の旅」「アサヒグラフ」1970 年 4 月 3 日号

「四国おへんろ乱れ打ち」「アサヒグラフ」1970 年 5 月 29 日号

「下北半島の秋　流れ雲旅」「アサヒグラフ」1970 年 11 月 6 日号

「初冬の篠栗八十八ヵ所　ささっとめぐり」「アサヒグラフ」1970 年 12 月 18 日号

「石仏と性神の国東半島　夢うつつ旅」「アサヒグラフ」1971 年 1 月 22 日号

「つげ義春・秋葉街道流れ旅」「グラフィケーション」1973 年 7 月号（富士ゼロックス）

「最上川、里の渡し舟」「グラフィケーション」1975 年 5 月号

「放談会・流れ雲旅余聞」「るうじん」1973 年 10-11 月号（豊島書房）

「異空間への旅人・つげ義春」「アサヒグラフ」1969 年 2 月 14 日号

【口絵】

P1　写真・北井一夫　宮城 鎌先温泉　1970 年
P2-5　イラスト・つげ義春『つげ義春流れ雲旅』より
P6-7　イラスト・つげ義春「四国おへんろ乱れ打ち」より
P8-11　イラスト・つげ義春「最上川、里の渡し舟」より
P12-13　イラスト・つげ義春「つげ義春・秋葉街道流れ旅」より
P14-15　イラスト・つげ義春「最上川、里の渡し舟」より
P16　写真・北井一夫　青森 下北半島野辺地　1970 年

装　丁　中村　健（MO' BETTER DESIGN）
協　力　つげ正助
浅川満寛
菊田彰紀（ル・マルス）
近藤承神子
復刻版編集　牧野輝也・山田智子（朝日新聞出版書籍編集部）

つげ義春（つげ・よしはる）
1937年東京生まれ。54年に漫画家デビュー。貸本漫画などで活躍したのち65年より「月刊漫画ガロ」に短編を発表、「李さん一家」「海辺の叙景」「ねじ式」などで独自の境地を拓く。作品集に『無能の人』ほか、『貧困旅行記』などエッセイも執筆。2017年日本漫画家協会賞大賞受賞。20年アングレーム国際漫画祭で特別栄誉賞受賞。22年日本芸術院会員となる。

大崎紀夫（おおさき・のりお）
1940年埼玉県生まれ。63年東京大学文学部仏文科を卒業後、朝日新聞社入社。「俳句朝日」「短歌朝日」編集長を務めた。退社後2001年より俳句結社「やぶれ傘」を主宰。著作に『詩集　ひとつの続き』『麦わら帽子の釣り本散歩』『nの箱舟　大人の童話』など。

北井一夫（きたい・かずお）
1944年満州生まれ。65年日本大学芸術学部写真学科を中退、写真集『抵抗』を発表。71年『三里塚』を刊行、翌年日本写真協会新人賞を受賞。シリーズ「村へ」で76年に第1回木村伊兵衛賞受賞。作品集に『フナバシストーリー』『いつか見た風景』など。

つげ義春《よしはる》流れ雲旅《くもたび》

2023年1月30日　第1刷発行

著　者　つげ義春《よしはる》
大崎紀夫《おおさきのりお》
北井一夫《きたいかずお》

発行者　三宮博信
発行所　朝日新聞出版
〒104-8011　東京都中央区築地5-3-2
電話　03-5541-8832（編集）
03-5540-7793（販売）
印刷製本　中央精版印刷株式会社

定価はカバーに表示してあります

ISBN978-4-02-251877-4

落丁・乱丁の場合は弊社業務部（電話03-5540-7800）へご連絡ください。
送料弊社負担にてお取り替えいたします。